FACULTÉ DE DROIT DE PARIS

DROIT ROMAIN

DE LA

CAUTION PRÆDIBUS PRÆDIISQUE

DROIT FRANÇAIS

DU GAGE IMMOBILIER

DANS LE TRÈS ANCIEN DROIT FRANÇAIS

THÈSE POUR LE DOCTORAT

PAR

Frédéric PELTIER

PARIS

LIBRAIRIE NOUVELLE DE DROIT ET DE JURISPRUDENCE

ARTHUR ROUSSEAU

ÉDITEUR

14, RUE SOUFFLOT ET RUE TOULLIER, 13

1893

THÈSE

POUR LE DOCTORAT

DROIT ROMAIN

DE LA

CAUTION PRÆDIBUS PRÆDIISQUE

DROIT FRANÇAIS

DU GAGE IMMOBILIER

DANS LE TRÈS ANCIEN DROIT FRANÇAIS

THÈSE POUR LE DOCTORAT

L'ACTE PUBLIC SUR LES MATIÈRES CI-APRÈS

Sera soutenu le jeudi 23 novembre 1893, à 2 heures et demie.

PAR

Frédéric PELTIER

Président : M. ESMEIN.

Suffragants : MM. CAUWÈS, Henry MICHEL, GIRARD, *professeurs.*

PARIS

LIBRAIRIE NOUVELLE DE DROIT ET DE JURISPRUDENCE

ARTHUR ROUSSEAU

ÉDITEUR

14, RUE SOUFFLOT ET RUE TOULLIER, 13

1893

MEIS ET AMICIS

DROIT ROMAIN

DE LA

CAUTION PRÆDIBUS PRÆDIISQUE

SOURCES

I. Les sources juridiques sont éparses et peu nombreuses.

A. Celles fournies par les documents qui se rattachent au droit public sont les plus importantes. Ce sont :

1° La loi latine de Bantia (621-636), § 2.

2° La loi Acilia repetundarum (631-632), lignes 57, 61, 67.

3° La loi agraire de 643, lignes 45-49, 53, 54, 70-73, 84, 100.

4° La loi de Malaca, Rubriques LX, LXIII, LXIV, LXV.

5° Le cahier des charges de Pouzzoles (649) connu sous le nom de *lex Puteolana parieti faciundo*.

6° L'inscription C. I. L, XIV, 3471 (*Textes de droit romain* de M. Girard, p. 721 et Bruns, 6ᵉ édition, p. 313).

B. Les seuls textes de droit privé se rapportant à la matière sont :

1° Gaius, II, 61 ; IV, 13, 16, 28, 91-94.

2° Fragments du Vatican (Paul, 336).

II. En dehors des textes législatifs et des écrits des jurisconsultes, la caution *prædibus prædiisque* est mentionnée dans un certain nombre d'ouvrages littéraires, notamment :

1° Dans Cicéron, 2ᵉ *Verrine* (684), livr. I, ch. 54 et 55 ; — *pro Valerio Flacco* (695), ch. 32. 80 ; — *pro domo* (697), ch. 18. 48 ; — *pro Balbo* (698), ch. 20. 45 ; — *pro Rab. Postumus* (700), ch. 4. 8 et ch. 13. 37 ; — 2ᵉ *Philippique* (710), ch. 29. 73 ; 31, 78 ;

2° Dans Polybe (6, 17) ;

3° Dans Tite-Live (22, 60 ; 38, 58).

4° Dans Tacite (*Ann.*, 6, 17) ;

5° Dans Suétone (*Claudius*, 9) ;

6° Dans Varron 5, 40 ; 6, 74 ;

7° Dans Festus, sous les mots *Comprædes*, *Manceps*, *Præs*, *Quadrantal* ;

8° Dans Valère Maxime, *Mem.*, V. 12.1 ;

9° Dans le Pseudo-Asconius (*ad Verr.*, § 142).

LITTÉRATURE

L'étude la caution *prædibus prædiisque* n'a été entreprise qu'à une époque relativement récente.

Les grands romanistes de la Renaissance ne s'en sont

point occupés. C'est à peine si, dans leurs œuvres, on trouve quelques mentions fugitives de cette institution.

1° Le premier jurisconsulte qui ait abordé la question est Saumaise (mort en 1653). Le chapitre 16 de son livre *De modo usurarum* lui est en entier consacré;

2° Théodore Georges Grævius a donné en 1688 une *Dissertatio juridica inauguralis de jure prædiatorio* (Utrecht), ouvrage de vingt pages environ qui présente peu d'intérêt;

3° Christian Gottlob Heyne a donné en 1752 une *Dissertatio de jure prædiatorio* (Leipzig), ouvrage qui malgré son mérite n'est plus à consulter que pour mémoire, l'auteur n'ayant nécessairement pas connu les sources les plus importantes;

4° Ernest Zimmermann a écrit en 1857 une dissertation latine *De notione et historia cautionis prædibus prædiisque* (Berlin);

5° Rivier a donné en 1863 un ouvrage intitulé *Untersuchungen über die cautio prædibus prædiisque* (Berlin);

6° Hilse a écrit en 1864 une dissertation intitulée : *Commentatio philologico-historica de prædibus eorumque indole, origine et historia* (Berlin).

A côté de ces ouvrages spéciaux sur la matière, la caution *prædibus prædiisque* se trouve étudiée à titre accessoire :

1° Par Bachofen, *Pfandrechte*, I, p. 217 et ss. ;

2° Par Rudorff, 10e vol., *Zeitschrift für geschichtlische Rechtswissenschaft*, p. 121 ;

3° Par Huschke, *Richter's und Schneider's kritische*

Jahrbücher, V, pag. 605 et ss., et *Zeitschrift f. g. Rechtsw.*, XIV, 267-273 ;

4° Par Mommsen, III° vol. *Abhandhungen der kœniglischen Sæchsischen Gesellschaft der Wissenschaften* (daus *Stadtrechte von Salpensa und Malaca*, pp. 466-480. Leipzig, 1855) ;

5° Par Mommsen, *Staatsrecht*, II, 430 ;

6° Par Bruns, *Zur Geschichte der Cession* (1868) et dans *Kleinere Schriften*, II° vol., (1882) ;

7° Par Karlowa, dans *Civilprocess zur Zeit der Legis actiones*, § 20 (Berlin, 1872) ;

8° Par Karlowa, dans *Rœmische Rechtsgeschichte*, II, 1 (Leipzig, 1885) ;

9° Par Heyrowski, *Rechts Grundlage der leges contractus, passim* ;

10° Par Dareste de la Chavanne dans une thèse sur les *Contrats passés par l'État à Rome*, p. 54 et ss. (Paris, 1875) ;

11° Par Jordan, dans une dissertation intitulée *De prædibus litis et vindiciarum* (Berlin, 1875) ;

12° Par Vincent dans une thèse sur les *Origines du cautionnement judiciaire à Rome*, p. 6 et ss. (Paris, 1892).

INTRODUCTION

Une remarque qu'on a bien souvent faite déjà, c'est que, dans toutes les législations et dans la législation romaine en particulier, le cautionnement, la sûreté personnelle, se développe d'abord et précède de loin l'organisation du crédit foncier. Les peuples jeunes ont confiance dans la parole de l'homme ; ce n'est que plus tard qu'ils en arrivent à préférer l'engagement d'un immeuble à celui d'un individu, quand les liens de l'obligation se sont relâchés, quand l'exécution sur la personne s'est adoucie, quand la violation de la foi jurée s'est dépouillée du caractère religieux qu'elle présentait au début et quand surtout le sens juridique s'est suffisamment affiné pour qu'on puisse comprendre l'existence sur les choses d'un autre droit réel que du droit de propriété, l'existence d'un droit de gage ou d'hypothèque.

Cette dernière conception suppose en effet une culture déjà relativement avancée et ne peut convenir à une législation encore dans l'enfance.

Elle présente un caractère abstrait qui ne frappe point les sens, alors qu'au contraire l'engagement d'une personne qui se porte caution, qui engage sa foi pour une autre, est un fait palpable, extérieur, dont chacun aperçoit tout de suite les effets : le créancier, au lieu d'un obligé, se trouvera en avoir plusieurs.

L'étude de la caution *prædibus prædiisque* que nous nous proposons d'entreprendre confirmera une fois de plus la vérité de cette loi, dont la fixité est digne d'attention et qui contribue, pour sa part, à prouver que dans le développement d'un droit, aussi bien qu'ailleurs, rien n'est le résultat d'un hasard.

Nous verrons, en effet, que l'État romain, pour tous les actes qu'il passait avec les particuliers, a eu, au début, une sûreté purement personnelle, la caution *prædibus* ; que cette caution, à une époque que nous chercherons à préciser, s'est renforcée d'une sorte de sûreté réelle, de nature toute spéciale, la *subsignatio prædiorum* ; que plus tard, enfin, l'hypothèque générale du fisc en arriva à faire disparaître complètement l'institution qui nous occupe. Rejetée par les temps nouveaux comme quelque chose de suranné, la caution *prædibus prædiisque* nous apparaîtra comme le mode de sûreté propre à l'*ærarium*, avec les destinées duquel elle se trouve étroitement liée.

Pour une étude de ce genre, l'ordre qu'il nous a paru le plus convenable d'adopter est l'ordre chronologique, bien qu'il présente peut-être l'inconvénient d'entraîner quelques répétitions. Mais il a l'avantage de mieux mettre en lumière les transformations d'une institution, d'en mieux faire toucher du doigt la naissance, les développements successifs et le déclin. C'est sous l'empire de ces considérations que nous avons divisé notre sujet en trois chapitres.

Dans le premier nous examinerons la caution *prædi-bus* dans sa forme primitive.

Dans le second, nous étudierons la forme définitive que prit notre institution après qu'elle se fût renforcée par la *subsignatio prædiorum*.

Le troisième, enfin, qui ne comportera que de courts développements, sera consacré à l'examen des causes qui ont amené la disparition de la caution *prædibus præ-diisque*.

CHAPITRE PREMIER

La caution du *præs* fut pratiquée pendant de longs siècles à Rome, avant qu'il y fut question de la *subsignatio* des *prædia*. Quelle que soit en effet la nature exacte de cette dernière institution, il est bien certain qu'elle constitue une sorte de sûreté réelle et comme telle, elle présente un caractère abstrait qui ne saurait convenir à une législation encore voisine de ses origines ; de plus, elle n'avait aucune raison d'être et était même juridiquement inconcevable à une époque où, comme nous le verrons plus loin, l'exécution ne portait pas sur les biens, mais uniquement sur la personne. Mais cette raison cessa d'assez bonne heure d'être vraie, puisqu'assez vite l'on connut à Rome l'exécution sur les biens du *præs*. Il ne faudrait pas croire cependant que dès ces temps, la *subsignatio prædiorum*, devenue théoriquement possible, se fut en réalité déjà organisée. Nous avons deux ordres de faits qui démontrent que son origine ne se place qu'à une date bien postérieure.

D'une part, en effet, une des plus anciennes applications de la caution *prædibus*, mais aussi une de celles qui tomba le plus vite en désuétude est celle qu'on en faisait dans la procédure du *sacramentum*. Cette procédure on le sait, comportait, et des *prædes sacramenti* qui assuraient à l'*ærarium* le payement du *sacramentum* par la partie qui perdait son procès, et des *prædes litis et vindiciarum*, fournis par la partie qui obtenait les *vindiciæ* et qui assuraient l'exécution, dans le cas où les *vindiciæ* étaient déclarés *falsæ*. On sait de plus que cette procédure, qui depuis longtemps déjà était à charge aux plaideurs se trouva fort restreinte, dans son champ d'application par la loi Æbutia qui organisa près d'elle la procédure formulaire et qui fut rendue suivant une opinion nouvelle qu'on peut considérer comme définitive entre 605 et 630 de Rome. Or il est à remarquer que jamais il n'est question de *subsignatio* de *prædia* dans la procédure du *sacramentum* et que la seule garantie fournie pour assurer le payement du *sacramentum* et l'exécution du jugement était l'engagement de *prædes*. Pourquoi cette particularité? La raison en est que, quand cette double application de notre caution commença à devenir plus rare par suite de la disparition partielle du *sacramentum*, c'est à peine si la *subsignatio prædiorum* s'était introduite dans la pratique romaine (1).

(1) Que la loi Æbutia n'ait point abrogé la procédure du *sacramentum*, c'est un fait certain ; mais il n'est pas douteux non plus qu'à partir de cette loi, les parties n'aient presque toujours préféré recourir, dans les nombreuses hypothèses où cela leur était possible, à la procédure formulaire. On peut donc dire qu'en fait, après la loi Æbutia le *sacramentum* ne subsista que pour les pétitions d'hérédité et d'une façon plus générale, pour les causes de la compétence des décemvirs et des centumvirs. Par la suite, deux *leges Juliæ* restreignirent dans des limites plus étroites encore l'application des *legis actiones*, vraisemblablement par la suppression des décemvirs en tant

Ce point de vue se trouve, d'autre part, confirmé par l'examen même des textes. C'est, en effet, une chose bien significative que dans les deux seules lois à peu près contemporaines de la loi Æbutia où il soit parlé de notre caution, il n'est fait aucune mention de la *subsigatio* des *prædia*.

Dans la loi latine de Bantia, rendue entre 621 et 636 de Rome, le passage relatif aux *prædes* est ainsi conçu : « *Sei condemnatus erit, quanti condemnatus erit, prædes ad quæstorum*..... (1)*.

Dans la loi Acilia, rendue en 631 ou 632 de Rome, et où il est fait quatre fois mention des *prædes*, nous lisons :

Ligne 57... *quæstori prædes facito det de consili majoris partis sententia...*

Ligne 61... *sei de ea re prædes dati erunt...*

Ligne 66, *in fine,... quoi quæstori ex h. l. prædes datei erunt...*

Ligne 67... *ab eis prædibus primo quoque die pequnia exigatur*.

Nulle part, on le voit, il n'est parlé de *prædia*. Cette particularité a d'autant plus d'importance que dans tous

que tribunal et par la réduction du cercle des *causæ centumvirales*. Si bien qu'on peut dire sans hésitation avec Keller (*Rœm. Civil process.*, § XXIII) qu'après la loi Æbutia et surtout après les lois *Juliæ*, le *sacramentum* ne fut plus qu'une procédure d'exceptions. Cela suffit pour faire comprendre qu'on ait pas songé à étendre à l'hypothèse des *prædes litis et vindiciarum* et *sacramenti*, devenue assez peu fréquente, la sûreté réelle nouvellement inventée pour renforcer l'engagement des débiteurs de l'Etat.

(1) Loi de Bantia, alinéa 2.

les documents postérieurs aux textes cités, à commencer par la loi agraire de 643, jamais on ne trouve une seule mention des *prædes*, sans qu'il ne soit immédiatement après parlé aussi de *prædia*.

Cet ensemble de faits, parfaitement concordants entre eux, tend donc à montrer que l'usage de la *subsignatio* des *prædia* ne s'est développé que dans le second tiers du VIIe siècle de Rome et que jusqu'alors, on connaissait seulement l'engagement des *prædes*.

C'est donc jusqu'aux environs de 640 que s'étend la première phase de notre institution. A vrai dire, pendant cette phase elle-même, la caution *prædibus* subit déjà d'importantes modifications, surtout en ce qui concerne les procédés d'exécution. Cependant ces changements apportés à l'exécution ne seront étudiés que dans le chapitre suivant : Ils en sont en effet comme l'introduction, parce que ce sont eux qui expliquent l'origine de la *subsignatio* des *prædia*. Ici, nous voulons seulement étudier la caution *prædibus* dans sa forme la plus ancienne. Nuls sont, à la vérité, nos documents sur cette période primitive. Malgré cela, il n'est pas impossible, croyons-nous, d'arriver à se faire une idée assez exacte de ce que fut notre institution à l'origine. En effet la caution de l'époque classique n'est en somme que la caution primitive transformée et développée. Son essence est restée la même et il est possible, sinon aisé, de démêler dans les textes de la fin de la République ou du début de l'empire, ce qui est le produit de transformations et de développements nouveaux d'avec ce qui, au contraire, est vraiment ancien et primitif. C'est là ce que nous voulons essayer dans ce chapitre qui se divisera naturellement en trois sections.

Dans une première, nous étudierons la nature et la forme de la caution *prædibus* ; dans une seconde, l'exécution et ses suites ; dans une troisième, le champ d'application de la caution.

SECTION Iʳᵉ. — **Nature et forme de l'obligation du præs.**

Huschke (1) a dit : « Le point de départ le plus sûr pour rechercher la nature d'une institution juridique, surtout d'une institution du vieux droit romain, nous est offert par la langue, c'est-à-dire par le mot même par lequel se peint cette institution dans la conscience du peuple : les deux choses, en effet, langue et droit sont également originaires et sont les produits nécessaires de la vie d'un peuple et le mot n'est que la conception de la chose se manifestant extérieurement : d'où il résulte que la nature de l'institution juridique qu'il désigne doit pouvoir être caractérisée d'après lui. C'est la preuve la plus sûre que la nature de la chose n'est pas encore connue quand l'explication qu'on en propose ne s'accorde pas exactement avec le mot ».

Ce passage de l'éminent romaniste s'applique si bien à notre sujet que l'on pourrait croire que c'est pour lui

---

(1) *Ueber das recht des nexum*, p. 2.

qu'il a été écrit. Il nous avertit de toute l'importance qu'il y a à rechercher l'étymologie du mot qui sert à désigner notre caution et nous fait voir toutes les conséquences qu'on en peut tirer. Il nous explique aussi la raison des obscurités et des incertitudes qui planent sur notre matière. Elles viennent en grande partie de ce que les savants ne sont pas d'accord sur l'origine du mot *præs*. Tous ceux qui ont écrit sur ce sujet ont compris l'importance de ce problème étymologique et ont essayé de le résoudre. Nombreux sont, en conséquence, les systèmes existants sur ce point.

Pour être complet, citons d'abord l'étymologie proposée par Festus (1) qui rattache *præs* au verbe *præstare*. Il est à peine besoin de faire remarquer que le grammairien romain, comme cela lui est souvent arrivé, s'est laissé entraîner ici à un jeu de mots et qu'en réalité, il ne peut y avoir le moindre rapport entre « *præs* » et « *præstare* ». La racine du verbe « *præstare* » est *sta* et cette racine doit se retrouver dans les mots qui découlent de la même source que lui.

Parmi les modernes Scaliger croit que *præs* vient de *præsens* et a le même sens que lui. Saumaise (2) fait venir *præs* de *præ* ou *pro* et *æs*. Ihering (3) rattache *præs* à *prædia* et à *præda* : le *præs* est à ses yeux celui qui *prend* quelque chose sur soi. Jordan (4), dont la théorie

(1) *De verborum significatione, sub verbo manceps*, p. 151, édition Müller.
(2) *De modo usurarum*, p. 737.
(3) *Geist des R.R. I.*, § 10.
(4) *De prædibus litis et vindiciarum*, p. 32.

consiste à assimiler le *præs* à l'otage, propose l'étymologie *præsides* et insiste sur l'analogie de ce mot avec *obsides*.

Mais toutes ces étymologies se heurtent à une même impossibilité et doivent être rejetées en présence de l'ancienne forme plurielle du mot *præs*, la forme *prævides*, qui se trouve par deux fois dans la loi agraire de 643 (1). C'est cette forme, très vite tombée en désuétude (2) et par conséquent très ancienne qui doit servir de guide dans la solution de la question qui nous occupe. C'est ce que Mommsen (3) et après lui Zimmermann (4) ont bien compris. Ils ont déjà appuyé leur étymologie sur cette forme *prævides* et ont fait venir *præs* de *prævidere*.

Mais cette conjecture ne saurait être admise en présence de la forme *præes* qui se rencontre dans la loi de Malaca (5) et qui est incompatible avec elle. Cette forme, qui sert évidemment de transition entre la plus récente et la plus ancienne ne saurait s'expliquer si la forme ancienne se rattachait au verbe *prævidere*.

Rivier (6) en suivant la marche qui lui était ouverte par les deux auteurs dont nous venons de parler, paraît s'être approché beaucoup plus de la vérité. Un point

(1) Loi agraire de 643, lignes 46 et 47.
(2) Elle ne se rencontre plus une seule fois après 643.
(3) *Stadrechte von Salpensa und Malaca*, note 29.
(4) *De notione et hist. cautionis prædibus prædiisque*, § 1.
(5) Rubrique LXIV, ligne 5, dans l'édition qu'a donnée de cette loi M. Girard dans ses textes du droit romain.
(6) *Untersuchungen über die cautio prædibus prædiisque*, § 5.

certain, dit-il en substance, c'est que, quand on disait
au nominatif pluriel « *prævides* », on ne disait pas au nominatif singulier « *præs* ». Ce serait là une chose sans
exemple dans la langue latine. Quelle était donc alors
la forme du singulier ? Elle ne pouvait être autre que la
forme *prævas*. L'a de *vas* devenu bref par suite de l'ad-
jonction du préfixe *præ* se changeait en i au génitif singulier et au nominatif pluriel selon une règle connue de
la philologie latine. Cette manière de voir nous paraît
au-dessus de toute critique ; elle a, indépendamment de
sa vraisemblance et de sa simplicité, l'avantage de cadrer très bien avec cette forme *præes* que nous avons relevée plus haut dans la loi de Malaca ; l'on conçoit en
effet très bien que *prævas* ait dégénéré avec le temps en
præves, forme qui à la vérité ne se trouve pas dans les
textes, mais qu'il est légitime de considérer comme très
probable, puis en *præes*, pour aboutir enfin à la forme
définitive *præs*.

Dès lors, l'origine du mot est trouvée ; *prævas* apparaît comme un renforcement du mot *vas*, ne présentant
avec lui aucune différence fondamentale, comme une
forme accessoire analogue à cette autre forme « *subvas* »
qui nous est signalée par un passage d'Aulu-Gelle (1).

Sur le sens primitif du mot *vas* et sur son origine,
aucun doute n'est possible. *Vas* découle de l'antique racine *vad* qui paraît être le terme arien générique pour
désigner l'idée de gage. Cette racine *vad* se retrouve en

______

(1) *Noct. attiq.* 16, 10. Ce passage contient une intéressante anec-
dote qui démontre la haute antiquité du mot *vas* et de ses dérivés.

effet non seulement dans le latin *vas* et dans ses dérivés, mais dans un grand nombre d'autres langues ariennes, dans le suédois *vad*, dans le vieux haut allemand *wetti*, dans l'anglo-saxon *ved* (1). Dans toutes ces langues, notre mot présente toujours le même sens de gage et l'on verra par la suite combien ce nom de *gage* convient bien à la *caution* qui nous occupe. Le *præs* nous apparaîtra en effet bientôt comme étant le *gage vivant* du créancier (2).

Si ce qui précède est exact, on en doit conclure qu'à l'origine du droit romain, à la période qu'on peut appeler préhistorique, il y a identité entre le *præs* et le *vas*. Ce n'est que plus tard que s'est produite la différenciation entre ces deux institutions, que le *vas* s'est restreint dans un cercle étroit et n'a plus servi qu'à assurer la comparution des parties en justice, tandis que le *præs* est devenu exclusivement la caution du peuple romain.

Cette unité originaire, qui nous est décélée par l'étymologie elle-même est d'ailleurs la conséquence nécessaire du peu que nous savons de ces temps obscurs où nous nous sommes placés. Aux premiers âges de Rome en effet, il ne peut être question d'institutions privées distinctes des institutions publiques. Le droit était alors un

(1) Comparez aussi la forme *vadium*, du latin du moyen âge, qui a donné gage en français.

(2) Le mot *vas* a disparu en tant que désignant une personne vivante au jour où le mot *nexus* disparut du domaine du droit, c'est-à-dire au jour où disparut l'exécution sur la personne : Au *fidepromissor* qui s'engageait sur ses biens et non sur sa tête, le nom de *vas*, de gage, ne pouvait plus convenir.

tout homogène, dans lequel on ne peut distinguer de parties (1). Au début des sociétés latines, une seule chose existe, l'Etat : c'est de lui que tout découle et que tout émane : il est en plus grand ce qu'était avant lui en plus petit son prototype, la famille : aucun droit, aucun pouvoir n'existe en dehors de lui. L'idée de contrat, telle qu'elle nous apparaît aujourd'hui, comme un accord entre deux particuliers produisant des effets déterminés par les lois n'est pas encore née. Le créancier ne devient pas créancier en tant qu'homme privé, mais bien en tant que portion du peuple romain, en tant que détenant une part de la puissance de l'Etat. On ne connaît alors qu'une seule obligation, l'obligation publique : que cette obligation soit prise vis-à-vis du peuple, ou vis-à-vis d'un citoyen assisté réellement ou fictivement par le peuple tout entier, les effets produits seront toujours les mêmes. Le débiteur, qu'il s'appelle *nexus*, *vas* ou *præs* est toujours dans la même situation. Il est sous la main du créancier ; sa personnalité tout entière, physique, juridique, économique, sa vie, sa liberté, sa *familia* répondent de l'accomplissement de sa promesse ; s'il la viole, il peut être tué, vendu, chargé de fer, par le magistrat, s'il a promis quelque chose au peuple ; par le citoyen, agissant en vertu des pouvoirs qu'il détient en tant que *pars populi*, s'il a promis quelque chose à un citoyen.

Dès une époque très reculée, il est vrai, l'obligation

____

(1) Ce point est admirablement mis en lumière par Huschke, dans son ouvrage sur le *nexum*.

privée arriva à se faire jour dans les rapports entre citoyens. Très vite, on reconnut l'existence légale des ac-
cords, des pactes consentis entre particuliers et à attacher aux plus importants d'entre eux certains effets juridiques. On admit la validité d'une promesse contractée
dans de certains termes solennels, d'abord probablement dans la forme du serment : ce fut la stipulation.
On admit aussi que la simple remise de deniers, en dehors de la présence des cinq témoins représentant le
peuple et de celle du *libripens*, sans emploi de la formule
du *nexum*, engendrerait une obligation : ce fut le *mutuum*. On n'attacha pas, bien entendu à ces obligations
privées tous les effets qui naguère étaient attachés à l'o-
bligation publique. Il n'était pas admissible en effet
qu'un simple particulier, agissant en cette seule qualité,
put mettre la main sur son débiteur, son égal, et se l'as-
servir. Il devint nécessaire de demander l'exécution par
voie d'action, par la *condictio* organisée dans ce but par
les lois Silia et Calpurnia et obtenir de la République le
droit de poursuivre son débiteur. Quand cette notion
de l'obligation privée se fit jour dans le droit romain,
l'obligation publique ne tarda pas à disparaître dans les
rapports des citoyens entre eux. Elle ne subsista plus
que vis-à-vis de la République ; mais, dans cette sphère
d'action, elle garda bien longtemps sa même nature et
une partie de ses anciens effets. Car, si l'on en était arrivé à distinguer la personne privée dans le citoyen, l'on
était loin encore de concevoir que l'État, qui apparaissait toujours comme la source de toute autorité et de

toute puissance, put contenir aussi une personne privée. Ce n'est qu'au milieu de l'Empire qu'on en arriva à comprendre que dans l'État, dépositaire des pouvoirs souverains, édictant les lois, déclarant la guerre, percevant l'impôt, jugeant les citoyens, il existe une personne morale soumise aux lois comme toutes les autres personnes, ayant des besoins analogues à ceux des particuliers et traitant avec eux simplement d'égal à égal, n'ayant pas par conséquent pour l'exécution de ses contrats de droits plus étendus que ceux d'un simple citoyen. Quand cette idée vint au monde l'obligation publique disparut du droit administratif, comme elle avait disparu, bien des siècles auparavant du droit civil privé. Mais jusqu'à cette époque l'usage du *præs* fourni à la République subsista, survivant seul ainsi au *nexus* et au *vas*.

L'obligation privée s'étant introduite, à une époque extrêmement reculée, l'on peut dire qu'en réalité, dans l'histoire de Rome, la caution *prædibus* apparaît comme étant exclusivement une caution de droit public, comme la sûreté propre à l'*ærarium*. De là, le silence, sur cette matière, des jurisconsultes qui ne s'occupaient que de droit privé (1) ; de là les définitions que donnent les grammairiens de cette institution, qu'ils considèrent tou-

---

(1) Gaius ne s'occupe jamais de notre caution à titre principal, mais seulement en passant et par rapport à d'autres institutions. Pour ce qui est de la mention des *prædes* qu'on a cru trouver dans le Digeste, fr. 6, § 7 *comm. divid.* (10. 3), c'est simplement le résultat d'une mauvaise lecture. Il faut lire *pro ædibus* et non *prædibus*. Voyez au surplus sur ce point, qui n'est plus douteux, Rivier, *loc. cit.* § 7.

jours, à juste titre, étant donné le temps où ils écrivent,
comme ne s'appliquant qu'aux rapports des citoyens
avec la République. C'est ainsi qu'on lit dans Varron :

*Itaque præs qui a magistratu interrogatus in publicum
ut præs siet, a quo et quam respondent dicit : Præs* (1).

Et dans Festus, au mot *præs* :

*Præs est is qui populo se obligat, interrogatusque a
magistratu si præs sit respondet ille : præs.*

Et encore sous le mot *comprædes : Comprædes ejusdem
rei populo sponsores.*

Mais il n'en reste pas moins vrai qu'à nos yeux, cette
caution était à l'origine d'un usage général et c'est par
là que nous expliquons cette étrange institution des *prædes litis et vindiciarum*, sur laquelle on a bâti tant d'in-
génieuses hypothèses, et qui n'est à nos yeux qu'une
trace, un cas de survivance isolé du droit antérieur tel
que nous l'avons dépeint.

Ces *prædes*, on le sait, étaient fournis par le possesseur intérimaire de la chose litigieuse au non possesseur, au cours de la procédure de la revendication *per
sacramentum* et avaient pour but de garantir la restitution de la chose. Il semble donc bien, en pure raison,
que c'est à l'adversaire qu'ils étaient fournis, puisque
lui seul avait intérêt à la restitution. C'est d'ailleurs ce
qui nous est dit expressément par Gaius, en ces termes
fort clairs :

---

(1) Varron, *De lingua latina*, 6, 74.

« *Eumque jubebat (prætor) prædes adversario dare litis et vindiciarum* (1).

Mais les savants ont trouvé étrange de voir, dans un seul et unique cas, des *prædes* fournis à un particulier et ont inventé plusieurs systèmes tendant à prouver qu'ici comme ailleurs, le *præs* s'engageait vis-à-vis de la République.

Sur cette hypothèse, qui, à ses yeux, ne constitue qu'une exception apparente à la règle générale, Mommsen (2) s'exprime en ces termes : « Une exception (à ce fait que les *prædes* s'engagent envers la République) semble exister dans l'hypothèse des *prædes litis et vindiciarum*, qui, dans l'ancienne revendication, étaient fournis par le possesseur de la chose au demandeur, pour assurer la restitution, au cas de condamnation ; mais on oublie que dans ce cas l'objet extérieur du procès, le *sacramentum*, profite à la République ; d'où il résulte qu'en réalité le peuple, par l'intermédiaire d'un de ses membres, était le véritable demandeur et, par conséquent, avait droit de se faire garantir par des *prædes* ». Il est hors de doute que la République était intéressée au procès, puisque c'est à elle que devait revenir le montant du *sacramuntum* déclaré *injustum*. Mais, au payement de ce *sacramentum*, se bornait son intérêt et ce payement lui était assuré par les *prædes sacramenti*. La restitution de la chose ne l'intéressait en rien,

(1) Gaius IV, 16.
(2) *Loc. cit.*, p. 468.

de sorte qu'on comprend mal que ceux qui garantissaient cette restitution aient pu s'obliger vis-à-vis d'elle. L'explication de Mommsen, très exacte en ce qui touche les *præbes sacramenti*, le paraît infiniment moins en ce qui touche les *præbes litis et vindiciarum*.

Danz (1) qui s'est occupé de l'influence des *sacra* sur le commerce juridique à Rome, et qui, ainsi qu'il arrive souvent, a été amené à faire intervenir un peu partout l'idée dont il poursuivait l'étude, pense que la République avait un intérêt religieux à ce que le possesseur intérimaire ne profanât pas ses *sacra* en conservant injustement la possession d'une chose dont il n'était pas propriétaire et qu'elle exigeait des *præbes* pour garantir la réparation du préjudice qui lui était causé de ce chef. Nous avouons mal comprendre cette intervention de *præbes* garantissant un intérêt purement moral et cette explication nous paraît trop ingénieuse pour être même vraisemblable.

Stinzing (2) propose le système suivant. La République, par ce fait qu'elle accepte de régler les *vindiciæ* assume une responsabilité. Le magistrat a-t-il attribué les *vindiciæ* au non propriétaire, la République doit réparer cette faute et indemniser le vrai propriétaire en cas de non restitution. C'est contre ce danger que la République s'assure en exigeant du possesseur intérimaire les *præbes litis et vindiciarum*. Mais qui ne voit que le

(1) *Der sacrale Schütz in ræm. Rechtswerkehr*, p. 219.
(2) *Krit. Zeitschrift*, III, p. 355.

règlement des *vindiciæ* constitue un acte de *jurisdictio*
et qui ne sait qu'un acte de *jurisdictio* ne pouvait entraîner la responsabilité du magistrat dont il émanait, ni à
plus forte raison, celle du peuple lui-même ?

Une autre explication qui a quelque rapport avec la
dernière, mais qui est plus perfectionnée, a été proposée
par M. Gradenwitz (1) et reprise sous une forme un peu
différente dans une thèse par M. Cüenot (2). Selon ce
dernier auteur, l'État se serait à l'origine, attribué les
vindiciæ à lui-même, se chargeant de remettre la chose
litigieuse à la partie gagnante ; ensuite ne pouvant plus
se constituer séquestre dans tous les procès, il aurait
attribué les *vindiciæ* à l'une des parties ; cette partie aurait fourni des *prædes* à l'État pour lui assurer la restitution de la chose et l'État, immédiatement après s'être
ainsi fait engager des *prædes*, aurait cédé ceux-ci sans
aucune forme au plaideur non possesseur. Cette cession
expliquerait, selon l'auteur, que Gaius, négligeant de
parler de l'instant de raison pendant lequel les *prædes*
étaient engagés vis-à-vis de la République et ne consi-
dérant que le but final de l'opération, ait été amené à
dire que les *prædes* étaient fournis à l'adversaire. Nous
reconnaissons la possibilité, en droit public, d'une cession sans forme faite d'un de ses droits, par l'État, ce
qui eut été impossible entre particuliers. Il est reconnu

(1) *Zwangsvollstreckung und Urtheilssicherung (Festgabe für Rudolf
von Gneist.)*
(2) *De la condamnation civile à l'époque des actions de la loi.* Thèse
pour le doctorat, Paris, 1892.

en effet qu'une telle cession était souvent pratiquée en droit public et tout le système de la ferme de l'impôt aux publicains en était une application courante. Seulement, il ne nous est pas prouvé qu'à l'origine, l'État se soit attribué les *vindiciæ* et, même en accordant ce point, nous ne voyons nullement que ce qui aurait succédé·à ce régime, ce fut ce système de cession des *prædes*, cession possible en théorie, nous le répétons, mais dont l'existence dans notre espèce n'est pas prouvée par le plus léger indice.

Pour conclure, répétons donc ce que nous disions plus haut : en l'absence de toute preuve contraire, il faut en croire Gaius sur son affirmation si précise et si conforme à la nature des choses ; il faut voir dans cette institution des *prædes litis et vindiciarum* une survivance du droit antérieur. Un pareil phénomène est fréquent dans l'histoire du monde moral aussi bien que dans celle du monde physique et il s'explique à merveille ici par la fixité et la rigidité absolues de tout ce qui touchait aux actions de la loi. Le temps a facilement fait disparaître les autres cas de *prædes* fournis aux particuliers ; il a dû respecter celui-ci, parce qu'il se présentait au cours d'une procédure qui resta sans modifications jusqu'au jour où elle-même en vint à périr tout entière, justement à cause de cette rigidité qui l'empêchait de se plier aux besoins nouveaux de la vie.

Après cette trop longue digression sur les *prædes litis et vindiciarum*, sur lesquels il nous a paru nécessaire de nous expliquer dès maintenant, revenons à l'objet principal de nos recherches et rappelons en quelques mots les conclusions auxquelles nous sommes arrivés jusqu'ici : Le *præs*, dans les premiers âges de Rome se confond avec le *vas* et constitue une obligation publique identique au *nexus* ; après la disparition de l'obligation publique dans les rapports entre citoyens, il devient la caution propre du peuple romain.

Nous allons examiner maintenant en quelle forme s'engageait le *præs* et nous verrons que cette forme même est une preuve nouvelle de la nature que nous avons assignée à notre institution.

La forme de l'engagement du *præs* nous est apprise par les passages déjà cités de Varron et de Festus. Le *præs*, disent-ils, est celui qui, interrogé par le magistrat en ces termes : *an præs es* ? répond : *præs sum*. Nous sommes donc en présence d'un engagement contracté par une formule solennelle qui nous est un témoignage de la proche parenté du *præs* avec le *vas* et le *nexus*. Cette formule est bien différente de celle usitée pour la stipulation. Nous n'hésitons pas à admettre qu'ici la solennité ne consiste nullement dans l'emploi d'une question suivie d'une réponse concomitante. La seule chose qui soit essentielle en matière d'obligation publique, c'est l'emploi solennel du verbe *esse* accompagné du mot désignant la qualité que le débiteur va revêtir. Il y a là quelque chose de caractéristique qui se retrouve toujours quand on est en présence d'une obligation publique et qui ne se retrouve que là. Ces formes qui nous ont été transmises par les sources ou qu'on peut resti-

tuer avec certitude (1) : *præs sum, vas sum, vindex sum,
damnas esto*, sont de même nature et ne se séparent que
par une seule différence : Le débiteur, comme dans les
trois premiers cas, va-t-il au devant d'une obligation,
d'une situation que personne ne saurait lui imposer,
c'est lui qui parle et qui dit : Je suis *præs*, je suis *vas*, je
suis *vindex*, et c'est de cette déclaration, précédée ou
non d'une question que résulte son engagement. Au contraire dans les hypothèses où la volonté du débiteur est
impuissante à repousser la qualité nouvelle qui va lui
être imposée, où cette qualité n'est que la suite nécessaire d'un fait antérieur, c'est le créancier qui parle et
qui dit : *Damnas esto*, imposant ainsi au débiteur la
qualité de *condemnatus* ou de *nexus*. La qualité de *condemnatus* est en effet la suite forcée de la sentence du
juge, et l'engagement du *nexus* découle de ce fait que
le débiteur a précédemment reçu une quantité déterminée de métal pesé devant le peuple ou ses représentants
fictifs (2). De là vient dans ces deux hypothèses l'emploi
de l'impératif *esto* par le créancier. Mais toujours l'effet est le même. Cet effet, comme nous l'avons déjà dit
c'est l'asservissement de la personne tout entière à l'exécution de l'obligation.

Donc, la forme de l'engagement du *præs* est celle de
toutes les obligations publiques et consiste dans l'emploi d'une formule solennelle, en présence du peuple ou

(1) Voir, sur ce point Huschke, *Nexum*, p. 50.
(2) Voir Huschke, *loc. cit.*, p. 59.

du magistrat. Selon Mommsen (1), l'emploi même d'une formule déterminée n'était point nécessaire et une promesse faite dans des termes quelconques, pourvu qu'elle fut faite devant le magistrat, suffisait pour l'obliger. La République, dit-il en substance, ne pouvait en effet être astreinte à des formes spéciales et si réellement les choses se passaient comme Varron et Festus nous le disent, il ne faut voir là qu'un usage et non une nécessité s'imposant au magistrat. C'est selon nous aller beaucoup trop loin. Les formes s'imposaient à tous, aussi bien aux magistrats qu'aux simples particuliers. Tous les événements de la vie religieuse, publique ou privée étaient, à Rome, réglementés d'une façon minutieuse et astreints à des formes précises que nul ne violait impunément (2). La nullité de l'acte était la sanction habituelle de la violation des formes traditionnelles et il paraît certain qu'il en était de même dans l'hypothèse qui nous occupe.

Avant d'en finir avec cette question de forme, signalons un système assez répandu, d'après lequel l'obligation du *præs* aurait été primitivement contractée par le serment. Cette opinion nous paraît dénuée de tout fondement. Le serment, en effet, autant du moins que nos connaissances permettent de l'affirmer, a toujours été étranger aux obligations publiques et paraît, au contraire, avoir servi à assurer à l'origine l'exécution des

(1) *Loc. cit.*, note 32.
(2) Pas même les dieux qui devaient manifester leur volonté dans les formes établies par le droit augural, sous peine qu'il n'en fut pas tenu compte.

pactes entre particuliers. C'est ainsi que le serment pourrait bien plutôt être la forme primitive de la stipulation que celle de l'engagement du *præs*.

Le magistrat était juge souverain pour apprécier combien de *prædes* devaient être engagés dans chaque espèce particulière : *Quanti ii consuerunt*, dit la loi Acilia (1). Il devait aussi apprécier sans contrôle les qualités de fortune, etc., qu'il y avait lieu d'exiger du *præs*. C'est ce pouvoir du magistrat que les textes désignent par les mots *arbitratus* ou *arbitrium* (2).

Sur tous ces points, il y avait probablement des traditions administratives, toujours suivies d'âge en âge.

Mais à côté de ces conditions exigées par l'usage, il en était une qui était formellement réclamée par la loi dans la personne du *præs*. Il fallait que le *præs* fût *solutus*, ainsi s'exprime la loi agraire de 643 :

... *Neive magis mancesprævides prædiaque soluti sunto* (3).

Solutus ne peut signifier ici autre chose que libre et s'oppose très exactement à *nexus*. Si l'engagement du *præs* avait été limité au montant de la dette du *manceps*, ou débiteur principal, cette condition serait difficile à comprendre, dans l'hypothèse surtout où cette dette était minime et la fortune du *præs* considérable. Mais, comme nous l'avons vu et comme ce passage de la loi agraire le confirme encore, l'engagement du *præs* était

______

(1) L. Acilia, 1. 57.
(2) L. Puteolana ; — Loi agraire de 643, ll. 45, 73, 84 ; — Malac. R. 60.
(3) L. agr. de 643, 1. 46.

tout autre : Sa personne et ses biens étaient tout entiers affectés à l'accomplissement de sa promesse. Il promettait que le *manceps* exécuterait telle ou telle prestation : si celui-ci n'exécutait pas, le *præs* devenait, corps et biens, la chose de la République. Dès lors, on comprend à merveille la nécessité que le *præs* fût *solutus* : Il ne fallait pas que le peuple fut gêné dans l'exercice de son droit par l'existence d'un droit analogue,que lui-même, pour d'autres causes, ou un citoyen eussent pu avoir sur la même personne. Nous disons un droit analogue, car il est certain, à notre sens, que le mot *solutus* doit être traduit par les mots : libre de toute obligation publique ; il s'oppose à *præs*, à *nexus*, à *condemnatus*, etc., mais non point à *obligatus*. Ce fait que l'individu qui s'offrait comme *præs* était engagé déjà en vertu d'obligations privées, en vertu d'une stipulation, par exemple, ne pouvait légalement faire obstacle à son acceptation. Dans un pareil cas, le magistrat était juge souverain du point de savoir s'il devait ou non agréer le *præs*, alors que cette faculté d'appréciation lui était retirée au cas où le *præs* proposé était déjà *præs* ou *nexus*.

Cette condition qu'il fallait que le *præs* fût *solutus* est la seule qui nous soit indiquée par les sources. Il est probable que c'est la plus caractéristique et que les autres conditions étaient celles requises dans la personne de tout débiteur.

Jusqu'ici nous avons examiné seulement notre caution dans ses rapports avec la République. Il nous reste à étudier un point très important, à savoir quelle était la situation du *præs* par rapport au débiteur principal, au *manceps*. Sur cette question les auteurs sont loin d'être d'accord. Certains d'entre eux, parmi lesquels Zimmermann et Rivier pensent que le *manceps* et le *præs* étaient dans une relation identique à celle d'un débiteur principal du droit privé et de son fidéjusseur, c'est-à-dire qu'après, comme avant, l'engagement du *præs*, le *manceps* continuait à être tenu vis-à-vis de la République et était susceptible d'être poursuivi par elle en cas d'inexécution. Mais ce système qui, par sa simplicité et le parallélisme qu'il présente avec la théorie de la fidéjussion, peut séduire au premier abord ne résiste pas à l'examen et l'on doit sur ce point s'en rapporter à l'opinion de Mommsen (1) qui soutient que seuls les *prædes* garantissaient l'exécution et que le *manceps*, au cas où il ne faisait pas ce qu'il avait promis, ne pouvait être recherché ni vendu par le peuple.

Et d'abord, un premier indice en faveur de cette opinion nous paraît être fourni par la formule même de l'engagement du *præs*. Le *præs* dit simplement qu'il assume sur lui une qualité déterminée et ne place nullement son obligation en corrélation avec celle d'une autre personne, avec celle du *manceps*. Au contraire la dépendance de l'obligation contractée apparaît immédiatement, quand il s'agit du *sponsor* ou du fidéjusseur qui disent : *idem spondeo, idem promitto* ; je promets ce que le débiteur principal a promis et le sort de ma promesse

____

(1) *Loc. cit.*, p. 471.

est intimement lié à la valeur et à l'étendue de la sienne. Par cette simple inspection de la formule de son engagement, le fidéjusseur apparait comme un débiteur accessoire. Il n'en est nullement ainsi pour le *præs* et ce fait à son importance pour qui sait avec quelle précision merveilleuse est construite la terminologie juridique de Rome.

Mais ce n'est pas tout. Le *præs*, nous l'avons vu, s'engageait dans la forme habituelle aux débiteurs qui contractaient une obligation publique : Il devait prononcer les mots sacramentels : *Præs sum*.

Præs, nous dit Festus, *est is qui populo se obligat interrogatusque a magistratu si præs sit, ille respondet præs.*

Voici au contraire comment le même auteur s'exprime relativement au *manceps*.

Manceps dicitur qui quid a populo emit conducitve, quia manu sublata significat se auctorem emptionis esse.

Il y a entre ces deux définitions un contraste frappant. Tandis que pour le *præs*, il y a engagement solennel, il n'en est pas du tout ainsi pour le *manceps*. Ce dernier ne fait qu'une promesse absolument dénuée de forme (1), incapable par conséquent de l'obliger. D'après cela, voici comment les choses devaient se passer quand la République voulait contracter avec un particulier. Le magistrat dans le département duquel se trouvait l'affaire li-

____

(1) L'on ne saurait, en effet, voir l'indication d'une forme solennelle dans ces mots de Varron : *manu sublata*. Il n'y avait là qu'un usage ; moins même qu'un usage : Ce fait de lever la main est le geste instinctif et naturel par lequel toute personne placée dans une foule, cherche à attirer l'attention sur elle.

sait la loi du contrat devant les citoyens assemblés, au jour annoncé par des publications dont Cicéron nous a gardé le souvenir (1). Celui qui était prêt à traiter s'avançait hors de la foule en levant la main et faisait ainsi une offre, dénuée de formes. En présence de cette offre le magistrat n'exigeait point un engagement solennel, mais demandait seulement à l'offrant de fournir des *præ-des*. Le *manceps*, alors, désignait ceux qui consentaient à être ses *prædes* et ces derniers contractaient leur engagement dans la forme que nous avons indiquée. Ils devenaient ainsi les garants de la promesse du *manceps* et étaient seuls tenus, en son lieu et place. S'il violait sa promesse, c'était eux et eux seuls que la République exécutait. Ainsi s'explique que toujours il soit question de l'exécution des *prædes* et jamais de celle du *manceps*. Le texte le plus instructif à ce sujet est le passage suivant de la loi de Malaca :

Eosque prædes... qui soluti, liberati... non sunt non erunt aut non sine dolo malo sunt erunt, II viris, qui ibi jure dicundo præerunt ambobus alterive eorum ex decurio-num conscriptorumque decreto quod decretum cum eorum partes tertiæ non minus quam duæ adessent factum erit, vendere legemque his vendendis dicere jus potestasque esto (2).

On le voit, ce texte aussi clair et aussi minutieux que possible s'étend longuement sur l'exécution des *prædes*

_____

(1) 2ᵉ *Verrine*, livr. I, ch. 57.
(2) Mal., *Rubr.*, LXIV.

et ne fait aucune mention de celle du *manceps*. La raison de ce silence ne peut venir que de ce fait, que le *manceps* n'était pas tenu. Ce point de vue est encore confirmé par l'examen de la *lex Puteolana parieti faciundo*. Cette *lex*, qui constitue un cahier des charges dressé par les magistrats de Pouzzoles pour la reconstruction d'un mur, est un exemple concret de l'engagement des *prædes*. Or, nous y lisons *in fine* que le *manceps* s'engage lui-même comme *præs*. Cet engagement du *manceps* comme *præs* serait inexplicable, s'il était déjà tenu comme *manceps*. On ne saurait dire, en effet, que son obligation comme *manceps* était moins sévère que la nouvelle qu'il contracte comme *præs*, et que cette dernière n'avait d'autre but que de renforcer la première : On ne pouvait être en effet tenu que d'une seule façon vis-à-vis du peuple, en qualité de débiteur public. Donc si le *manceps* était déjà tenu comme *manceps*, il l'était d'une façon identique aux *prædes* et, s'il était tenu d'une façon identique aux *prædes*, son nouvel engagement ne constituait qu'une superfétation, un acte parfaitement inutile. Cest là un dilemme dont il paraît difficile aux adversaires de notre opinion de pouvoir sortir.

Cette *lex parieti faciundo* est le seul exemple concret d'engagement de *præs* qui nous soit parvenu et il est à croire que la clause qu'elle contient relativement au *manceps*, se portant garant de sa propre promesse, se faisant *præs* lui-même, n'était pas exceptionnelle et devait au contraire être d'un usage général dans la pratique romaine. Cette remarque, qui a pour elle la vraisem-

blance, rend compte du seul texte embarrassant pour le
système que nous défendons, ce passage déjà cité de la
loi agraire où nous lisons :

Neive mayis manceps prævides... soluti sunto.

Comme le *manceps* devait toujours, pratiquement,
s'engager comme *præs*, bien que théoriquement il en
pût être autrement, il était naturel que la loi exigeât
en sa personne les qualités qu'elle requérait dans la personne du *præs*.

Après ces explications, nous croyons, pour nous résumer, pouvoir donner du *præs* la définition suivante : Le
præs était celui qui, dans la forme des obligations publiques, garantissait au peuple et, dans les temps primi-
tifs, aussi à un citoyen, l'accomplissement d'une promesse dénuée de valeur juridique faite par une personne
appelée *manceps*, contre laquelle le créancier au cas
d'inexécution, n'avait aucun recours.

L'on voit, dès lors, l'abîme qui sépare le *præs* de l'*ad-
promissor*. L'*adpromissio* appartient à une tout autre
sphère du droit. Elle est une institution du pur droit
privé, et se rattache à la stipulation d'une façon aussi
intime que la caution *prædibus* au *nexum*. Le fidéjusseur
ne s'engageait pas sur sa personne, mais seulement sur
ses biens. Il promettait la même chose, *idem*, que le débiteur principal ; car il y a vraiment lieu de parler ici d'un
débiteur principal, tenu comme sa caution, tandis que ce
n'est que par un abus de langage qu'on peut donner ce
nom de débiteur principal, au *manceps*, puisqu'il n'é-
tait point tenu. Si le débiteur principal n'exécutait pas,

le créancier privé demandait au fidéjusseur ce qu'il pouvait demander à ce débiteur et rien de plus, tandis qu'au contraire l'obligation du *præs* n'était point, dans cette hypothèse, de faire ce que le *manceps* eût dû faire. Son obligation présentait un caractère autrement grave pour lui : Elle ne consistait pas à fournir une prestation déterminée, mais à subir une mainmise sur sa personne et ses biens ; elle faisait de lui le gage vivant, la chose du peuple.

SECTION II. — De l'exécution et de ses suites.

La caution *prædibus*, nous l'avons vu, était une des formes de l'antique obligation publique du droit romain primitif. L'exécution du *præs* était donc la même que celle du *nexus* : De là, l'explication de l'expression « *prædis venditio* », que nous rencontrons dans des sources bien postérieures aux temps où nous nous plaçons. Cette façon de désigner l'exécution contre les *prædes*, qui avait cessé d'être littéralement exacte à l'époque nous la voyons encore usitée, était un souvenir, une trace du droit primitif dans lequel le *præs* était réellement vendu comme esclave.

Cette vente de la personne est le trait caractéristique de cette exécution primitive, que nous voulons maintenant brièvement retracer. Le créancier ne pouvait rien sur les biens ; du moins il lui était impossible de les atteindre directement. La personne seule du débiteur était tenue et c'était seulement parce que les biens étaient considérés comme un accessoire, comme un prolongement, pour ainsi dire, de la personne, que le créancier pouvait arriver à exercer sur eux un droit d'exécution.

Un autre trait de l'exécution primitive du *nexus* avant la loi des XII Tables, est que, très vraisemblablement du moins, elle se faisait sans aucune action en justice et sans le concours du magistrat : le créancier, une fois l'échéance arrivée, agissait de lui-même et sans l'aide de personne contre son débiteur. Une action en justice était, en effet, dans le cas d'obligation publique, tout à fait inutile dans les rapports des citoyens entre eux ; car le droit du créancier, né devant le peuple et avec sa coopération, était certain et n'avait pas besoin d'être prouvé devant un juge. Ce que nous venons d'énoncer comme une conjecture très vraisemblable dans l'hypothèse du *nexus*, est une certitude dans le cas du *præs*, c'est-à-dire dans celui où c'était le peuple lui-même qui était créancier. L'idée d'une action exercée par le peuple eut semblé en effet un non-sens aux anciens Romains. Ils n'eussent pas compris qu'il pût y avoir un juge entre un citoyen et le peuple, qui lui-même était juge souverain (1).

---

(1) Une conséquence certaine et importante de ce que le *præs* était exécuté sans qu'il y eût lieu de recourir à une action en justice est la suivante : Le peuple pouvait exécuter en même temps ou successivement tous les *prædes* fournis pour une même affaire, tandis que, on le sait, la poursuite exercée contre un *sponsor* avait pour effet d'éteindre l'obligation de ses *cosponsores* : C'était là un effet particulier de la *litis contestatio*, dont il ne peut, bien entendu, être question dans notre matière.

Donc, sitôt l'échéance convenue, le créancier procédait de lui-même à la poursuite de son droit. Quand le *manceps* avait violé sa promesse et quand le *præs* lui-même n'avait pas exécuté à sa place en temps utile, le magistrat dans le département duquel se trouvait l'affaire procédait à l'arrestation de ce dernier et à sa vente, comme esclave, *trans Tiberim*, c'est-à-dire en dehors de la ville, afin qu'il ne se rencontrât pas à Rome d'esclaves qui auparavant y eussent été citoyens. Cette vente du *præs* ne se restreignait pas à sa seule personne physique : elle entraînait la vente des personnes soumises à sa puissance (1) et aussi celle de ses biens (*bonorum sectio*) (2) que le peuple, au début tout au moins, ne songea pas à atteindre directement avant l'anéantissement (3) de la personnalité juridique du débiteur.

D'après cela, on le voit, l'exécution du *præs* présente l'analogie la plus complète avec le cas d'un individu frappé d'une peine capitale (4). Les deux choses avaient bien aussi le même caractère aux yeux des Romains. L'exécution du débiteur avait moins pour but, en effet, de procurer au créancier une satisfaction pécuniaire, que de lui permettre de se venger du délit commis contre lui par un débiteur qui a violé sa foi.

(1) Voir Huschke, *Ueber das Nexum*, p. 71 et note 88.
(2) Voir Huschke, p. 86, et, parmi les sources les plus importantes sur ce point, Tite-Live 2, 41 ; 4, 13 ; Dionys., 8, 79 ; Valère-Max., VI, 3, § 1.
(3) Nous verrons tout à l'heure qu'il cessa bientôt d'en être ainsi.
(4) La République, et tout créancier en vertu d'une obligation publique, avait le droit, au lieu de vendre le *præs* comme esclave, de le mettre à mort. L'histoire ne nous a transmis aucun exemple de l'exercice de ce droit.

Cette vente du débiteur comme esclave se faisait à l'origine sans observation d'aucune forme et sans que le créancier fût astreint à aucun délai ni à aucun tempérament. Tel était le droit commun à tous ceux qui étaient débiteurs en vertu d'obligations publiques, *prædes*, *nexi*, *judicati*, etc., avant la loi des XII Tables.

Cette loi introduisit en faveur du *judicatus* et du *nexus* (1) certains tempéraments en faveur du débiteur. Il dut désormais être appréhendé en présence du magistrat; il était bien tout de suite emprisonné, mais un délai de trente jours lui était accordé pour payer ou pour trouver un *vindex*, c'est-à-dire une personne qui contesta la dette et fit échec au droit du créancier en obligeant ce dernier à plaider contre elle (2). Si ce délai de trente jours s'écoulait sans qu'il y eût payement ou sans qu'un *vindex* fut fourni, le créancier devait encore attendre un nouveau délai de soixante jours, avant que le débiteur fût vendu *trans Tiberim*, et, pendant ce délai, le créancier devait par trois fois exposer le débiteur aux yeux du peuple, sur le *forum*, en indiquant le montant de la dette. On espérait ainsi que quelqu'un aurait pitié du débiteur malheureux et payerait peut-être pour lui (3).

---

(1) Les dispositions relatives au *judicatus* se trouvaient vraisemblablement dans une des trois premières tables, celles relatives au *nexus* dans la sixième.

(2) Gaius, IV, 21.

(3) Gell. 20, 1. — *Erat autem jus interea paciscendi, ac nisi pacti forent habebantur in vinculis dies sexaginta. Inter eosdies trinis nundinis continuis ad prætorem in comitium producebantur quantæque pecuniæ judicati essent prædicabatur. Tertiis autem nundinis capite pœnas dabant aut trans Tiberim peregre venum ibant.*

Toutes ces règles, qui constituaient un léger adoucissement des sévérités du droit antérieur, furent-elles aussi introduites en faveur du *præs* ? Nous n'avons, sur cette question, aucun renseignement positif, mais une chose au moins est certaine, c'est que le *præs* ne pouvait être admis à fournir un *vindex*. Quand un *vindex* se présentait pour le débiteur, le créancier se trouvait dans l'obligation de plaider avec lui, de faire devant le magistrat et le juge la preuve de son droit. Or, dans notre cas, le créancier, c'est la République, et nous le répétons encore une fois, la République ne pouvait être astreinte à une pareille nécessité. Sur ce point, aucun doute n'est possible ; mais doit-on admettre aussi que les autres tempéraments introduits par la loi des XII Tables restèrent inapplicables au *præs* ? Tel est l'avis de Mommsen et cette opinion paraît fondée ; car ces différentes dispositions de la loi des XII Tables s'enchaînaient l'une à l'autre et formaient un tout indivisible. Si l'une d'elles était inapplicable au *præs*, il devait en être de même pour les autres.

Nous admettrons donc que, même après la loi des XII Tables, le droit originaire subsista dans toute sa rigueur à l'encontre du *præs*. Ce fut donc à partir de cette date que l'exécution du *præs* commença à différer de celle des autres débiteurs. Cette séparation alla toujours en s'accentuant et il se produisit par la suite un phénomène qui au premier abord paraît en contradiction avec le fait que nous venons de signaler. Si en effet, l'exécution sur la personne dans sa forme primitive se maintint plus longtemps à l'encontre du *præs* qu'à l'encontre des autres débiteurs, il est certain, d'autre part, qu'en notre matière l'exécution sur le patrimoine s'introduisit bien plus vite que dans la sphère du droit privé. Dans le droit privé, l'exécution sur le patrimoine, la *bonorum venditio*, ne peut se concevoir avant la procédure formulaire et il est certain, malgré les expressions équivoques de Tite-Live (1), que la loi Poetelia rendue en 428 ou 441 ne fit qu'adoucir les procédés de contrainte sur la personne, sans les supprimer. Au contraire, à une époque bien antérieure à la loi Aebutia, la vente en bloc du patrimoine du *præs* devint possible, non pas certainement par voie de *bonorum venditio*, mais par voie de *bonorum sectio*, identique à celle pratiquée contre les proscrits et les condamnés à une peine capitale. L'État gardait en principe le droit d'agir contre la personne du *præs*, mais, pouvant atteindre directement ses biens, il renonça à l'exercice de ce droit qui tomba vite en désuétude.

Nous ne voulons point maintenant nous occuper de cette forme nouvelle de l'exécution du *præs* : elle est, en effet, le point de départ de l'évolution que nous nous proposons d'étudier dans le chapitre suivant, et c'est là que nous reviendrons sur ce sujet.

Après avoir retracé l'exécution primitive du *præs*, il nous reste à examiner un point important. Quels étaient alors les droits du *præs* exécuté contre le *manceps*? Y avait-il un recours contre ce dernier? Sur ce point, en-

____

(1) Tite-Live, 8, 28.

core, les sources sont muettes, mais la question semble pouvoir être résolue par le simple raisonnement. Il n'est pas douteux à notre sens que le *manceps* dont les *prædes* avaient été vendus ne pouvait être judiciairement inquiété. L'exécution sur le *præs* consistait dans l'anéantissement juridique de sa personne ; par ce fait qu'il était vendu comme esclave, il subissait une *capitis deminutio maxima* ; il ne pouvait plus être le sujet d'un droit quelconque, ni par conséquent exercer un recours contre le *manceps*. Personne, non plus, ne le pouvait pour lui.

Ce résultat nous apparaît comme choquant et nous avons peine à comprendre que le débiteur accessoire fût traité d'une façon aussi dure, sans qu'ensuite le débiteur principal pût être l'objet d'un recours, ni d'une poursuite quelconque. Mais on oublie qu'en fait, le *manceps* était presque toujours engagé lui-même comme *præs* et subissait en conséquence le même sort que ses cautions. De plus, en admettant qu'il n'en fut point toujours ainsi, il faut se garder de juger ces choses antiques d'après nos idées et nos mœurs actuelles. Le *manceps* qui ne payait pas devait être perdu dans l'esprit de ses concitoyens ; il avait donc un intérêt moral considérable à ne pas laisser vendre ses *prædes* et c'était là, pour ces derniers, une garantie puissante dans une société austère et restreinte, comme l'était alors la société romaine.

SECTION III. — **Cas dans lesquels des prædes devaient
être fournis.**

Dans les deux sections précédentes, nous nous sommes efforcé de déterminer la nature et les effets de la *cautio prædibus* dans sa forme primitive et cela nous a amené à dire que, dès le début de l'époque historique, elle apparaissait comme la caution propre du peuple romain. Mais il nous semble utile, pour finir ce chapitre, de passer rapidement en revue les différentes hypothèses dans lesquelles il y avait lieu de fournir des *prædes*.

Parmi ces cas d'application, il en est sans doute quelques-uns qui ne se sont produits que postérieurement à l'époque où nous nous sommes placé jusqu'ici. Mais il nous a paru impossible de scinder cette revue. Outre que le travail consistant à rechercher à quelle époque chaque cas particulier peut avoir reçu sa première application présenterait les plus hautes difficultés, il offrirait peu d'intérêt au point de vue juridique. Aussi, légèrement infidèle à notre plan, voulons-nous donner ici une vue générale des cas où il y avait lieu de fournir des *prædes*, quand bien même, nous le répétons, quelques-uns d'entre eux seraient postérieurs à la forme primitive de l'institution, dont nous nous sommes seulement occupé jusqu'ici.

Une des plus anciennes applications connues de notre caution est celle qui en était faite dans *l'actio per sacramentum*. Dans cette procédure l'on rencontrait :

1° Des *præedes litis et vindiciarum,* du moins dans toutes les hypothèses où l'action était réelle. Nous nous sommes déjà suffisamment étendu sur la nature et le rôle de ces *præedes* pour avoir besoin d'y revenir; 2° Des *præedes sacramenti* fournis par les deux parties au procès et qui garantissaient à l'*æerarium* le montant du *sacramentum* déclaré *injustum* (1).

Ces *præedes* s'engageaient devant le préteur.

Un cas voisin du précédent est celui des *præedes* fournis au cours de la procédure des *repetundæe.* La loi Acilia (2) nous apprend que les lois Calpurnia et Junia appliquèrent à cette matière les formes du *sacramentum.* Il y avait donc ici aussi des *præedes sacramenti* identiques à ceux fournis dans toutes les autres actions *per sacramentum.* L'on rencontrait d'autre part dans ces actions des *præedes* qui s'engageaient au payement du montant de la *litis æstimatio* et qui n'avaient rien de commun avec les précédents. Cela ressort de la loi de Bantia, où nous lisons :

Sei condemnatus erit, quanti condemnatus erit, præedes ad quæestorem urbanum det, aut bona ejus poplice possideantur (3).

La loi Acilia s'exprime sur le même sujet en ces termes :

Judex, quei eam rem quæsierit, earum rerum, quei ex h. l. condemnatus erit, quæstori præedes facito det de con-

(1) Gaius, IV, 13, 16.
(2) Ligne 74,
(3) Loi lat. de Bantia, § 2.

sili majoris partis sententia, quantei eis consuerint ; sei ita prædes datei non erunt, bona ejus facito poplice possideantur conquærantur veneant (1).

C'est aux mains du questeur urbain que s'engageaient les *prædes* dans cette hypothèse et non, comme le faisaient les *prædes litis et vindiciarum*, aux mains de l'adversaire. C'est qu'ici le montant de la *litis æstimatio* paraît bien, d'après les textes cités, devoir profiter au peuple et non au demandeur triomphant. C'est surtout vraisemblable pour le cas de la loi de Bantia ; ici en effet, on n'est pas en présence d'une *actio popularis*, mais d'une *actio* qui ne pouvait être introduite que par un magistrat (2). L'engagement de ces *prædes* ne pouvait se produire devant le préteur, parce qu'il n'intervenait qu'au moment de la condamnation, quand, par conséquent, le préteur était dessaisi et que les parties étaient devant le juge. Ce dernier n'étant pas magistrat et ne pouvant par suite recevoir l'engagement des *prædes*, le questeur agissait ici en sa qualité d'administrateur de l'*ærarium*.

Si la partie condamnée se refusait à fournir des *prædes* pour le montant de la *litis æstimatio*, le juge ordonnait contre elle une *missio in possessionem*, moyen de contrainte indirect qui confirme ce que nous disions plus haut, à savoir que le *manceps* n'était pas tenu et ne pouvait être exécuté directement.

_____

(1) Loi Acilia repet., ligne 57.
(2) Sur ce point, Mommsen, *l. cit.*, p. 465.

En dehors de ces applications de notre caution à la procédure, des *prædes* devaient être fournis toutes les fois que la République, pour une cause quelconque, acquérait une créance contre un particulier. Les principaux cas dont le souvenir nous a été transmis par les sources sont les suivants :

1) Il arrivait parfois que le peuple prêtait de l'argent aux particuliers, surtout après des guerres qui avaient rempli *l'ærarium*, mais appauvri les citoyens. C'est ce que nous apprend Tite-Live dans le passage suivant :

Ibi cum sententiis variaretur et alii redimendos de publico, alii nullam publice impensam faciendam nec prohibendos ex privato redimi, si quibus argentum ex præsentia deesset, dandam ex ærario pecuniam mutuam prædibusque ac prædiis cavendum populo censerent (1).

L'emprunteur devait fournir des *prædes* pour assurer la restitution de ce qu'il avait reçu. Le magistrat compétent pour recevoir ces *prædes* était sans doute le questeur urbain, administrateur de l'*ærarium*.

2) Dans le cas où la République procédait à une lotisation et à une vente de *l'ager publicus*, le citoyen qui se rendait adjudicataire devait donner des *prædes* pour assurer le payement du prix de la vente. Le texte capital sur ce sujet est la loi agraire de 643, qui ordonne la vente de *l'ager publicus* d'Afrique et de celui de Corinthe.

Quand et sous quelles conditions devait être fournie

____

(1) Tite-Live, 22, 60.

la caution, c'est ce que nous apprend la ligne 73 de cette
loi :

*Quei agrum locum publicum in Africa emit emeritve...
sei ea pequnia, quam eo nomine populo debet debebitve, in
diebus... proxsumeis, quibus is ager locus Romæ publice
venieit venierit, populo soluta non erit, is pro eo agro loco
in diebus CXX proxsumeis ea prædia... quæ supra scripta
sunt, arbitratu prætoris, quei inter ceives tum Romæ jous
deicet, satis supsignato.*

Si les *prædes* n'étaient pas fournis dans un délai de
cent vingt jours, la République, chose remarquable, ne
procédait pas à l'exécution de l'acquéreur, mais la vente
à lui consentie était tenue pour inexistante : preuve nouvelle de ce que le *manceps* n'était point obligé.

Le magistrat compétent ici était, on le voit, le prêteur
urbain. Il est assez difficile d'expliquer pour quelles raisons.

3) Un principe essentiel de l'administration romaine
était de ne pas procéder directement à la perception des
impôts ou à la gestion des biens de l'État, mais de recourir, pour ces hypothèses, au système de la ferme.
C'était de grandes sociétés financières, les sociétés de
publicains, qui affermaient les impôts ou l'exploitation
des biens du peuple (1). Ces publicains devaient fournir
des *prædes* pour assurer le payement du prix de la ferme. Il est à remarquer que ces sociétés n'étaient point
personnes morales, conception inconnue à l'ancien droit
romain, et que les publicains appartenant à une même

(1) Voir Loi de Malaca, Rubr. LXIII.

société se partageaient les rôles dans chaque affaire:
L'un d'eux jouait le rôle de *manceps*, les autres celui de
prædes.

4) Les travaux et les fournitures publiques donnaient
lieu aussi à engagement de *prædes*, garantissant les obligations de l'adjudicataire (1).

Le magistrat compétent pour recevoir ces *prædes* était
celui compétent pour passer le marché : c'étaient, selon
la nature du travail ou de la fourniture, les censeurs,
les édiles, le préteur ou le questeur (2).

5) Il nous est appris par la loi de Malaca que les can-
didats aux magistratures de ce municipe devaient fournir des *prædes* pour garantir la bonne gestion des deniers
publics :

*Qui in eo municipio II viratum quæsturamve petent qui-
que propterea, quod pauciorum nomine quam oportet pro-
fessio facta esset, nominatim in eam condicionem r
redigun-
tur, ut de his quoque suffragium ex hac lege ferri oporteat :
quisque eorum, quo die comitia habebuntur antequam suffragium feratur arbitratu ejus qui ea comitia, habebit
prædes in commune municipium dato pecuniam commu-
nem eorum, quam in honore suo tractaverit, salvam is
fore. Si de ea re is prædibus minus cautum esse videbitur,
prædia subsignato arbitratu ejusdem. Isque ab iis prædes
prædiaque sine dolo malo accipito, quoad recte cautum
sit, uti quod recte factum esse volet. Per quem eorum, de
quibus II virorum quæstorumve comitiis suffragium ferri*

<hr>

(1) Cicéron, 2ᵉ *Verrine.*, 1, 50-58 et Mal. Rubr. LXIII.

(2) La *lex Puteolana parieti faciundo* est un exemple concret de « *ta-
bula publica locationis.* »

*oportebit, steterit, quo minus recte caveatur, ejjus qui co-
mitia habebit rationem ne habeto* (1).

Le candidat, on le voit, devait fournir des *prædes* pour
sa gestion future et le magistrat compétent pour les recevoir était « *is qui comitia habet* » (2).

Si des *prædes* ne pouvaient être fournis par lui, le
candidat ne pouvait être élu.

Cette disposition est intéressante pour le droit municipal. Il ne semble pas qu'elle ait jamais existé pour les
magistrats de Rome. Nous n'en avons du moins aucune
trace ; car l'on ne pourrait arguer de ce que la Table de
Malaca déclare régler le droit des *prædes* conformément
au droit de Rome, pour dire que cette disposition était
en vigueur dans la capitale. L'identité dont parle la loi
de Malaca se rapporte aux procédés d'exécution et non
aux cas où la caution devait être fournie.

Tels sont les cas d'engagement des *prædes*, dont le souvenir nous a été gardé par les sources (3). Il est permis
d'en tirer cette conclusion générale : C'est que toutes les
fois que la République acquérait une créance pure et simple, ou à terme, ou conditionnelle, ou bien même était
seulement exposée à un danger pécuniaire éventuel, elle
devait être garantie par des *prædes*.

(1) L. de Malac., R. LX.

(2) Dans tous les autres cas où des *prædes* s'engageaient vis-à-vis
d'un municipe et non vis-à-vis du peuple romain, c'était toujours les
II viri, magistrats suprêmes des municipes, qui étaient compétents
pour recevoir leur engagement.

(3) Un autre cas, encore, est indiqué par la loi de Malaca, Rubr.
LXV, celui des *prædes* fournis par les *prædiatores* ; nous reviendrons
sur ce cas, qui sera mieux compris plus tard, quand nous nous occuperons de l'exécution des *prædes* dans la dernière phase de l'institution.   4

CHAPITRE II

SECTION I. — Origine de la subsignatio prædiorum.

Très vite, avons-nous dit, l'exécution passa de la personne du *præs*, sur son patrimoine ; très vite le *præs* cessa d'être vendu comme esclave, l'Etat, en vertu de son omnipotence, pouvant, à une époque où cela était encore impossible à un particulier, atteindre le patrimoine du débiteur sans toucher à sa personne. Cette *bonorum sectio* des biens du *præs* gardait encore quelque chose de l'idée qui dominait toute l'exécution primitive. Tout le patrimoine du *præs*, passait, en effet, *sub hasta*, en cas d'inexécution. Si bien que les poursuites dirigées contre le *præs* continuaient à avoir un caractère pénal et étaient en quelque sorte la réparation d'un délit. La République, en effet, gardait le montant intégral du prix de vente, quand bien même cette somme était supérieure à sa créance. C'était la punition de la foi violée, une trace de ce temps où le *præs* qui n'avait pas exécuté perdait sa liberté et sa famille, en même temps que ses biens.

Que la République tirât ainsi un profit de l'exécution

du *præs*, c'était possible théoriquement, mais en pratique le fait devait être rare : quand en effet, un *præs* en arrivait à se laisser vendre, c'est qu'il était insolvable et, presque toujours, la République, au lieu de faire un gain devait subir une perte. Le cas d'insolvabilité du *præs* dût vraisemblablement devenir assez fréquent après que l'exécution sur la personne eut cessé d'être en usage. Quand le *præs* répondait sur sa tête de l'engagement pris, la liberté absolue qui lui était laissée dans l'administration de ses biens n'avait aucun inconvénient pratique : on conçoit en effet que le terrible danger qui le menaçait au cas d'inexécution était pour lui une invitation suffisamment pressante à ne point dissiper ses biens et à se trouver, lors de l'échéance en état d'exécuter à la place du *manceps*, s'il était nécessaire. Au contraire, du moment qu'il sût que sa personne était à l'abri de tout danger, il put être entraîné bien plus facilement à dissiper son patrimoine et à rendre illusoire le droit du peuple sur ses biens.

La sûreté du peuple se trouvait donc considérablement affaiblie : cette situation dut se prolonger assez longtemps avant qu'on ne chercha à y porter remède. C'est en effet seulement après le premier tiers du VIIe siècle, ainsi que nous nous sommes efforcé de l'établir plus haut, qu'on eût recours à la *subsignatio* des *prædia* qui mit fin à cette situation. Quelle est exactement la nature de cette *subsignatio* des *prædia*, c'est un point difficile et obscur que nous allons examiner bientôt ; mais une chose certaine et sur laquelle tout le monde est d'accord, c'est que cette *subsignatio* constitue une sorte de sûreté réelle, venant consolider et renforcer la caution personnelle devenue insuffisante par suite des modifications et des adoucissements apportés à l'exécution. C'est de ces *prædia* que nous allons avoir maintenant presqu'exclusivement à nous occuper : Ce sont eux qui donnent à notre institution sa physionomie nouvelle, car l'engagement même du *præs* resta dans son essence, après leur apparition, ce qu'il était depuis l'origine.

SECTION II. — **Nature et forme de la subsignatio prædiorum.**

Un point sur lequel le doute n'est plus permis, c'est que, seuls, les *prædes* pouvaient *subsignare prædia*, c'est-à-dire consentir sur leurs immeubles ce droit particulier, destiné à renforcer la créance de la République, et dont nous allons maintenant rechercher la nature. Cela résulte de ce passage du scholiaste de Cicéron.

Et subsignandi hæc solebat esse causa, ut aut, qui vectigalia redimeret, aut qui pro mancipe vectigalium fidem suam interponeret loco pignoris rei publicæ prædia sua obligaret, quoad omnem pecuniam redemptores vectigalium repensarent (1).

En dehors même de ce passage très explicite, l'ensemble des sources répugne à cette supposition de tiers engageant leurs *prædia* sans s'engager personnellement comme *prædes*. La loi de Malaca qui s'étend si longue-

(1) Schol. Bob. ad Cicer., *or. pro Flacc.*, cap. 32 (Orelli, p. 244).

ment sur l'exécution des *prædes* et des *prædia* ne prévoit nullement le cas d'une poursuite dirigée sur les biens d'une personne qui n'est point *præs*. D'ailleurs, cet engagement de *prædia* par un tiers non tenu personnellement est inadmissible, si l'on songe que ce tiers ne pouvait par cette simple *subsignatio* de ses *prædia* être engagé vis-à-vis du peuple dans la forme des obligations publiques et que, par conséquent, l'Etat, pour réaliser ses *prædia*, aurait dû avoir recours à une action en justice ; ce qui, on le sait, était une impossibilité aux yeux des Romains du temps de la République.

Du reste, ce système de l'engagement de *prædia* par des tiers étrangers à la dette, qui a été autrefois soutenu par Saumaise (1), par Grævius (2) et par Heyne (3) est aujourd'hui complètement abandonné et nous ne l'avons cité que pour mémoire. Tous les auteurs admettent que seuls ceux qui étaient personnellement tenus envers le peuple pouvaient *subsignare prædia*. Cela revient à dire, dans notre opinion, que, seuls, les *prædes* le pouvaient, puisque nous avons admis que le *manceps*, en cette seule qualité, n'était point obligé.

Mais si l'accord existe maintenant sur cette question, il est loin d'en être ainsi pour les autres qui surgissent relativement aux *prædia*. Tout est controverse et obscurité sur la nature véritable de la *subsignatio prædiorum*. Il existe sur ce point important un grand nombre de

(1) *De modo usurarum*, cap. 16.
(2) *Dissert. de jure prædiat.* I, § 4.
(3) *Dissert. de jure prædiat.* § 5.

systèmes que nous devons exposer et critiquer avant de chercher à nous former une opinion. Ces différents systèmes peuvent se ramener à trois groupes principaux. Les uns attribuent à l'État un droit de propriété sur les *prædia* ; d'autres, un droit de gage identique à l'hypothèque du droit privé ; d'autres enfin, un droit d'une nature spéciale, assez vague et indéterminée.

Hugo (1), Savigny (2), Buchardi (3), Stintzing (4) appartiennent au premier groupe et voient dans la *subsignatio prædiorum* une mancipation de ces *prædia* faite à l'État avec un pacte de fiducie. L'État, par ce pacte, contractait l'obligation de restituer les biens par lui acquis, s'il était payé à l'échéance.

Ce système est inadmissible et doit être rejeté sans hésitation. Outre qu'il y a une grande invraisemblance à voir le peuple prendre un engagement par un pacte, il est bien certain que *subsignatio* a un sens tout à fait distinct de *mancipatio in fiduciam* et l'on a peine à comprendre que cette dernière opération pût se cacher ainsi sous un nom étranger. De plus, les sources vont à l'encontre du système. Il résulte de leur ensemble que la République n'était nullement propriétaire des *prædia* et que cette propriété restait au contraire sur la tête du *præs*. Nulle part, enfin, il n'est trace de la mancipation opérée par le *præs*. Nous connaissons, au contraire,

(1) *Rechtsgeschichte*, p. 449 de la 9e édition.
(2) *Heidelberger Jahrbücher*, 1809, p. 258.
(3) *Rœm. Privatrecht*, § 210 (II, 580, 581).
(4) *Bona fides*, p. 23.

d’une façon assez précise les formes dans lesquelles se produisait la *subsignatio* des *prædia* et ces formes ne pouvaient certainement point engendrer une translation de propriété au profit de l’État. C’est ce qui apparaîtra plus clairement quand nous aurons étudié les formalités de la *subsignatio* des *prædia*.

Au second groupe appartient le système de Rivier (1) pour qui le droit que le peuple acquérait sur les *prædia* n’était autre qu’un droit d’hypothèque. A l’appui de son opinion, il cite ce passage de Varron :

Prædia dicta, item ut prædes, a præstando, quod ea re pignore data publice mancipis fidem præstant (2).

Il reconnaît bien qu’il ne faut attacher aucune importance à l’étymologie donnée ici par Varron, qui est de pure fantaisie, mais il ajoute qu’une première inexactitude n’en suppose pas une seconde et que l’on peut avoir toute confiance dans ces expressions : « *Quod ea re pignore data publice* ».

Nous nous permettrons de n’avoir point le même respect pour Varron et de croire que la façon de parler du grammairien ne doit pas être rigoureusement prise à la lettre. Il parle de *pignus* quand il s’agit de *prædia*, de la même façon que Festus parle de *sponsor populi* à propos du *præs*. Nous ne croyons pas que jamais quelqu’un, se basant sur ce dernier rapprochement, ait songé à assimiler le *præs* au *sponsor* et nous ne voyons pas qu’il y ait

____

(1) *Untersuch. über die caut. præd. præd. que*, § 30.
(2) *De ling. lat.*, V, 40.

plus lieu de se prévaloir de Varron pour assimiler la *subsignatio prædiorum* à l'hypothèque.

L'auteur s'appuie en outre sur un texte du Digeste (1), où il est question en même temps de « *res pignoratas* » (c'est-à-dire engagées vis-à-vis d'un particulier) et de « *res in publicum obligatas* ». Mais outre que du rapprochement établi par ce texte, on ne peut conclure à une identité des deux choses, il est certain que dans la compilation de Justinien, les « *res in publicum obligatæ* » désignent les choses hypothéquées au fisc et il n'est nullement prouvé que ce texte, même dans sa forme primitive, n'ait point eu aussi en vue cette hypothèque et se soit jamais rapporté à la *subsignatio prædiorum*, comme le veut Rivier.

L'argument le plus séduisant de l'auteur se base sur le sens même du mot *subsignare*. *Subsignare,* dit-il, est ici synonyme de *subesse* et de *supponere*, que l'on rencontre aussi dans les sources (2) pour indiquer l'engagement des *prædia* ; or *supponere* a étymologiquement la même valeur que le mot grec ὑποτίθημι qui a donné hypothèque. Hypothèque et *subsignatio* sont donc une seule et même chose sous deux noms différents. Le mot national *subsignatio* a été employé dans le droit public, le mot étranger hypothèque a été réservé au droit privé.

Il est assez aisé d'apercevoir le peu de solidité de ce raisonnement. Une chose est certaine en effet, c'est que

(1) Frag. 15, § 1, *de dote præleg.* (33. 4).
(2) Notamment dans la loi de Malaca.

la *subsignatio prædiorum* est antérieure à l'hypothèque du droit privé. Or, si réellement la *subsignatio* des *prædia* avait été identique à l'hypothèque, on aurait, en transportant cette institution du droit public dans le droit privé, gardé à cette extension de la chose le nom qu'elle portait déjà, au lieu de songer à la décorer d'un nom exotique. Pous nous, si, lorsque l'hypothèque s'introduisit à Rome dans les rapports des particuliers, on lui donna un nom étranger, cela vient de ce que rien de semblable n'existait précédemment dans le droit romain.

Pour conclure, nous disons que puisqu'il y avait deux mots, *subsignatio* et hypothèque, il devait y avoir deux institutions distinctes. Elles pouvaient présenter au point de vue économique de grandes analogies, ce qui expliquerait la formation identique des deux expressions, mais, en même temps, avoir une constitution juridique toute différente.

Les systèmes qui nous restent à examiner sont assez différents les uns des autres, mais ont, au moins, ce point de commun qu'ils tendent tous à faire de la *subsignatio prædiorum* quelque chose de particulier n'ayant point son pareil en droit privé.

Bachofen (1) prétend que tous les biens du *præs* sans exception étaient frappés d'un droit de gage au profit du peuple et il n'entend pas, par cette expression « droit de gage », désigner ce droit général qu'a le créancier de poursuivre l'exécution de sa créance sur tous les biens

____

(1) *Pfandrechte*, I, p. 217 et ss.

de son débiteur existants lors de l'exécution. Il prétend
que les biens du *præs* étaient grevés d'un droit réel,
d'un droit de gage, dans le sens technique et particulier
du mot. Dès lors, pour lui, il n'y a aucune différence essentielle entre les *prædia subsignata* et les autres biens
du *præs* : Tous étaient également hypothéqués et la *subsignatio des prædia* n'aurait été autre chose que l'inscription des biens les plus importants du *præs* sur les tables de l'*ærarium*. Cette inscription n'aurait eu d'autre
effet que d'assurer à l'État le moyen de prouver la con-
sistance de la fortune de ses débiteurs.

Ce système qui assimile complètement les *prædia subsignata* aux autres biens du *præs* et les frappe tous in-
distinctement d'un droit de gage est doublement inadmissible : d'abord parce qu'il est certain que les *prædia
subsignata* étaient dans une autre situation que le reste
de la fortune du *præs* (1), ensuite parce qu'il est non
moins certain que l'ensemble de la fortune du *præs* n'é-
tait point grevé d'un droit général de gage et que c'est
précisément parce que ce dernier gardait une liberté absolue dans la gestion de son patrimoine que l'usage des
prædia s'introduisit dans la pratique romaine.

Le système de Mommsen (2) est plus délicat encore à
saisir que celui de Bachofen. Il est d'ailleurs plutôt indiqué que développé et il est mal aisé de lui donner, en
l'exposant une précision dont il manque dans l'écrit

(1) Cela n'est dit expressément nulle part, mais se dégage d'une façon certaine des Rubriques LXIV et LXV, de la loi de Malaca.
(2) *Loc. cit.*, pp. 469 et 471.

même de l'auteur. Le trait fondamental de ce système
nous paraît cependant consister dans l'assimilation de la
datio prædium et de la *subsignatio prædiorum*, qui ne seraient qu'une seule et même chose. Mommsen croit trouver la preuve de son système dans la loi Puteolana et
voici par suite de quel raisonnement. Au commencement
de la loi, dit-il, il est prescrit que des *prædes* seront don-
nés et des *prædia* engagés. Or, à la fin, quand on reparle
des sûretés qui sont données, il est seulement question
de l'engagement des *prædes*.

Mais il est certain que, dans la loi de Malaca (1), il
est expressément distingué entre la *subsignatio prædiorum* et la *datio prædium*. Mommsen le reconnaît lui-même et dit que dans ce passage, il s'agit non de l'engagement des biens du *præs*, mais de ceux fournis en gage
par le *manceps*, qui, selon lui, n'était pas tenu. Nous
avons adopté plus haut sur ce dernier point l'opinion du
savant auteur et nous croyons, comme lui, que le *manceps* n'était pas obligé. Mais précisément à cause de ce
fait, nous croyons qu'il était impossible au *manceps* de
subsignare ses *prædia*, puisque celui-là seul pouvait le
faire qui était personnellement tenu de la dette. Donc,
dans les passages de la loi de Malaca ci-dessus mentionnés, il ne peut s'agir que de l'engagement des *prædia* du *præs* : d'où il résulte que la *subsignatio prædiorum*
et la *datio prædium* étaient deux choses distinctes.

Où le système de Mommsen devient difficile à comprendre, c'est en ceci qu'après avoir déclaré que les *præ-*

____

(1) Rubriques, LX et LXIV.

dia subsignata ne se distinguaient pas des autres biens du *præs*, « parce que l'obligation une fois violée, tous les
» biens du *præs* étaient livrés à la République et que, si
» l'on parlait surtout des *prædia* c'était à cause de leur
» valeur prépondérante », l'auteur parle un peu plus loin « du droit d'hypothèque contenu dans la *subsignatio* ». Il y a là, semble-t-il, une contradiction. Bachofen, lui, qui admet une hypothèque générale sur tous les biens du *præs*, peut logiquement assimiler les *prædia* aux autres biens et les déclarer frappés d'un droit réel. Mais l'on comprend avec peine que Mommsen, qui ne semble pas admettre l'existence de ce droit général de gage, assimile les *prædia* au reste de la fortune du *præs* et les déclare néanmoins hypothéqués.

Le système que Huschke a exposé par deux fois (1) se ramène à ceci. Le *præs*, lorsqu'il s'engageait, était tenu de fournir dans un écrit signé de lui la désignation des choses les plus précieuses de son patrimoine (ordinairement les immeubles, mais ce pouvait être aussi des meubles précieux). Par suite de cette *subsignatio* « les
» *prædia* prenaient un caractère distinct du reste de la
» fortune du *præs* et étaient frappés d'une sorte de droit
» de gage ». L'auteur admet de plus que ces biens ainsi distingués du reste de la fortune pouvaient être vendus isolément, que l'État pouvait s'en prendre à ces choses particulières, sans recourir à une licitation en bloc du

---

(1) Dans *Krit. Jahrbuch.*, V, 605 et dans un article sur l'usucapion *pro herede* (*Zeitschr. für geschich. Rechtswissenschaft*, XIV, 269, 270).

patrimoine (*sectio bonorum*), qu'il le devait peut-être, ou que du moins il avait coutume d'en agir ainsi pour ménager la fortune du débiteur.

Il y a, à nos yeux, du vrai dans ce système : Il consacre un point qu'il est vraiment étrange de voir controversé, à savoir que les *prædia subsignata* étaient revêtus d'un caractère spécial, qui les mettait à part des autres biens. Seulement l'auteur ne cherche point à déterminer en quoi consistait ce caractère particulier et se trompe quand il dit que l'État pouvait ou devait aliéner les *prædia* indépendamment des autres biens. Cette aliénation de *prædia* se faisant en dehors de l'exécution totale du *præs* n'est indiquée nulle part. Il résulte au contraire avec la dernière évidence de la Rubrique LXIV de la loi de Malaca que la vente des *prædia* n'était qu'une partie de l'exécution et ne pouvait jamais se produire isolément et à titre principal.

Zimmermann (1), lui aussi, consacre le vrai principe, quand il reconnaît que les *prædia* formaient une catégorie de biens à part, sur lesquels l'État avait un droit d'une nature particulière qui n'était point un droit d'hypothèque. Seulement l'auteur, après avoir dit que la *subsignatio* des *prædia* était quelque chose de spécial, n'ayant point son équivalent en droit civil, n'essaye pas plus que Huschke d'en déterminer la nature propre et se borne à répéter qu'elle constitue un renforcement de l'engagement personnel du *præs*. Il voit même une nouvelle preuve de ce point, qui d'ailleurs est hors de doute,

____

(1) *Loc. cit.*, p. 20 et 21.

dans l'étymologie qu'il assigne au mot *prædium*, étymologie qu'on ne saurait accepter : pour lui, *prædium* vient
de *prævidere*, et les *prædia* seraient les biens qu'on engageait en *prévision* d'un danger auquel la République
était exposée et pour parer à ce danger (1).

Telles sont jusqu'à ce jour les opinions qui ont été
émises sur cette obscure question de la nature de la
subsignatio prædiorum. Parmi ces opinions, aucune ne
paraît pleinement satisfaisante. Celle de Zimmermann,
que nous avons exposée la dernière, parce que c'est
elle, croyons-nous, qui doit servir de point de départ
pour arriver à la vérité, est plutôt négative que positive :
Elle se borne à dire ce que la *subsignatio prædiorum* n'est
pas ; mais elle ne cherche point à expliquer en quoi elle
consiste. C'est déjà beaucoup, il est vrai, d'être fixé sur
ce point que le droit du peuple sur les *prædia* était différent du droit d'hypothèque. Voyons maintenant s'il ne
serait pas possible de déterminer en quoi consistait ce
droit. Et pour cela, remarquons d'abord la valeur du

(1) Zimmermann, nous l'avons déjà vu, fait venir *præs* de *prævidere*
et établit un rapport étymologique entre *præs* et *prædia*. La plupart
des auteurs cherchent aussi à établir un rapprochement entre les
deux mots (en particulier Ihering, *Geist des Rœm. Rech.*, § 10, note 17).
Pour nous, ce rapport n'existe pas et la ressemblance extérieure des
deux mots est purement fortuite.

Prædium vient vraisemblablement de *præda*, prise, butin, et est le
vieux mot romain désignant la propriété, particulièrement la propriété foncière, qui, pour les Romains découlait, on le sait, avant
tout du butin fait sur les ennemis.

Subsignatio prædiorum n'a donc d'autre sens que *subsignatio* d'immeubles.

Rivier (*loc. cit.*, p. 14) ne voit, lui non plus, aucune relation entre
les deux mots *præs* et *prædium*.

mot qui sert à désigner l'engagement des *prædia*, du mot *subsignatio*.

Cette expression, on n'en peut douter, découle de la condition même dans laquelle les *prædia* se trouvaient placés. *Subsignare*, nous l'admettons avec Rivier, tout en repoussant les conséquences forcées qu'il veut tirer de ce fait, est synonyme de *subesse* et de *supponere* et il y a dans ces deux mots l'idée d'une mainmise sur la chose au profit du créancier, mainmise qui tendait évidemment à paralyser dans une certaine mesure le droit de propriété du débiteur (1). La chose ainsi *subdata*, *subsignata*, restait dans le patrimoine du débiteur, mais le débiteur perdait sur elle quelques-uns de ses droits de propriétaire.

Pour nous, nous n'hésitons pas à croire que ce droit que perdait le *præs* sur les *prædia* qu'il avait engagés, c'était le droit de les aliéner. Il était tenu de conserver

---

(1) Huschke attribue à ce mot *subsignare* un tout autre sens (V. *Richters Jahrb.*, vol. 10, p. 605). Pour lui, cette expression vient de ce fait que les *prædia* étaient notés sur une tablette que le *præs* écrivait lui-même. Mais, outre que cet usage est loin d'être prouvé, il est certain que, dans les sources, *subsignare* est employé dans le sens de « *placer sous* » (*subesse*) et non de « *souscrire* ». Mommsen (*Stadtrechte*, p. 471, not. 30) fait déjà cette remarque. Il assimile avec raison *subsignare* à *subesse*, mais il se trompe, croyons-nous, quand il dit que cette expression vient de ce que, dans la rédaction du contrat passé avec le peuple on inscrivait *au-dessous* de l'acte les noms des *prædes* et ceux des *prædia*. Comme preuve il invoque la *lex Puteolana*. Mais il est peu vraisemblable qu'une expression, si constamment employée dans les sources, découle d'une circonstance si insignifiante, et de plus la *lex Puteolana* ne prouve rien en faveur de cette opinion, puisque les noms des *prædes* seuls sont mentionnés à la fin de ce document et nullement ceux des *prædia*.

ces biens dans son patrimoine, de façon qu'au jour de l'échéance, après l'inexécution de l'obligation, la République fût assurée d'autre chose que d'un recours illusoire sur une fortune dissipée et fut certaine de pouvoir exercer son recours au moins sur ces *prædia* frappés d'inaliénabilité aux mains de son débiteur.

Cette hypothèse a l'avantage de cadrer parfaitement avec l'origine que nous avons attribuée à l'institution qui nous occupe : à savoir, la nécessité d'assurer un recours efficace à la République, après qu'elle eût cessé de faire porter l'exécution sur la personne ; à l'époque où ce besoin devint impérieux, l'hypothèque, dont l'origine étrangère est incontestable, n'était pas encore connue à Rome ; on n'y pratiquait, en fait, de sûretés réelles que la mancipation avec pacte de fiducie et le gage avec détention matérielle de la chose par le créancier. Les particiens ne pouvaient songer à appliquer ces modes de sûreté aux créances de l'Etat. Le peuple, en effet, ne pouvait, sans de grosses difficultés, garder en sa possession l'immense quantité de biens meubles ou immeubles qui eussent été nécessaires pour garantir ses créances si nombreuses et si élevées, ni prendre sur lui la responsabilité qu'eut entraînée la détention de tous ces gages. D'un autre côté, il ne paraît guère vraisemblable que la République ait jamais songé à contracter un pacte de fiducie avec un particulier. Ce procédé eut été en opposition avec ce principe que l'Etat ne s'engage point. Dès lors, il fallait trouver autre chose ; la conception d'un droit réel accessoire grevant la chose, sans que le bénéficiaire eût cette chose en sa détention, conception qui est la base même de l'hypothèque, ne s'était pas encore fait jour à Rome. Dès lors, l'idée qui dût se présenter le plus naturellement à l'esprit des jurisconsultes, c'était celle de contraindre le débiteur à garder certains biens dans son patrimoine jusqu'au jour de l'acquittement de sa dette, de frapper d'inaliénabilité la partie la plus stable de sa fortune, c'est-à-dire ses immeubles. Il est si vrai que cette idée de l'inaliénabilité employée pour servir de sûreté réelle a pu et a dû se présenter à l'esprit des Romains, que nous voyons, dans un grand nombre d'autres législations le même système servir de transition entre le gage et l'hypothèque. C'est ainsi, pour ne citer qu'un exemple, qu'à l'ancien gage germanique succéda en Allemagne une institution connue sous le nom de *neuere Satzung* dont le mécanisme essentiel consistait à frapper certains biens d'inaliénabilité aux mains du débiteur, au profit du créancier. Cette institution subsista jusqu'à ce que l'hypothèque romaine eût pénétré dans le pays (1). C'est là une analogie qui a sa valeur, pour qui sait que toutes les législations, malgré les différences tenant aux races et aux milieux, se développent suivant des règles uniformes.

Ce ne sont là, à la vérité, que des conjectures dont la portée serait fort contestable, si nous ne fournissions pas une preuve plus directe de l'hypothèse que nous avons émise. Mais cette preuve nous croyons l'avoir

____

(1) V. sur ce point Siegel, *Deutsche Rechtsgeschichte*, p. 337.

trouvée dans un texte du Digeste, dans le frag. 205, *de Regul. juris*, qui est ainsi conçu :

Plerumque fit ut etiam ea quæ nobis abire possint, proinde in eo statu sint, atque si non essent ejus conditionis ut abire possint. Et ideo quod fisco obligamus et vindicare interdum et alienare et servitutem in prædio imponere possumus.

Ce texte est de Pomponius et date par conséquent d'une époque où s'organisait l'hypothèque du fisc, à côté de la *subsignatio* des *prædia* à *l'ærarium*, qui tendait au contraire à disparaître. Ce point est important pour la suite de notre argumentation.

Si ce texte a seulement pour but de constater que les biens qui sont hypothéqués sont susceptibles d'être revendiqués, aliénés et grevés de servitudes par leur propriétaire, il est parfaitement inutile, et l'on comprend mal qu'un jurisconsulte ait pris la peine de l'écrire : Il était bien connu en effet que l'hypothèque ne restreignait en rien les droits de disposition du propriétaire. Notre texte ne prend donc un sens sérieux qu'en raison de l'exemple, bizarre par sa particularité, de l'hypothèque du fisc, choisi par Pomponius à l'appui de la règle qu'il vient de tracer. Il a voulu marquer une opposition entre l'hypothèque du fisc et une autre institution, qui, tout en ayant un but à peu près identique, présentait sur le point qui occupe l'auteur un caractère différent ; c'est ce qui est, d'ailleurs, confirmé par la façon même dont est conçu le début du texte : *Plerumque fit ut etiam ea quæ nobis abire possint, proinde in eo statu sunt atque si non essent ejus conditionis ut abire possint.*

Plerumque fit, dit le jurisconsulte ; c'est donc qu'il y avait des exceptions à la règle qu'il trace, qu'il y avait des cas où les choses se passaient d'une façon différente de celle qu'il expose. Or il n'est point douteux que cette institution, que dans son esprit ou peut-être même dans la suite de son écrit tronqué par Justinien, Pomponius opposait à l'hypothèque du fisc, ne soit précisément la *subsignatio* des *prædia* à l'*ærarium*. Un doute en effet avait pu se produire. Le fisc, pouvaient dire quelques-uns, est le successeur de l'*ærarium* ; donc, les droits de l'*ærarium* doivent aussi lui appartenir (1). C'est cette fausse manière de voir que Pomponius voulait repousser et l'on s'explique à merveille qu'il ait songé à marquer cette différence entre deux institutions, analogues dans leur but, à une époque où précisément, l'une prenait le dessus sur l'autre, où un droit nouveau tendait à se substituer à un droit ancien.

Nous croyons donc que l'on peut conclure de ce texte qu'il faut dire des *prædia subsignata* tout le contraire de ce qui y est dit des biens hypothéqués au fisc à savoir : 1° que ces *prædia* ne pouvaient être valablement aliénés par leur propriétaire ; 2° qu'ils ne pouvaient être vala-

---

(1) Qu'une telle prétention ait dû se produire, ce n'est point douteux. L'organisation du fisc et de son hypothèque dura plus de trois siècles et pendant ce long espace de temps, les fluctuations de la doctrine furent innombrables et le travail législatif très actif. *Leges de jure populi et fisci moderatas et infinitas sanxit*, nous dit Ælius Lampridus dans la vie d'Alex. Sévère, 16.

blement grevés d'aucune servitude par le *præs*, ce qui eut constitué une aliénation partielle ; 3° que le *præs* perdait même à leur sujet l'exercice du droit de revendication.

Pour les deux premiers points, aucune difficulté. Il peut paraître, au contraire, étrange de voir le *præs* privé du droit de revendication sur ses *prædia*. Nous ne doutons pas pourtant que cette disposition ne fut, aux yeux des anciens romains, une conséquence nécessaire de l'inaliénabilité des *prædia subsignata*. Par suite de cette inaliénabilité, en effet, la propriété était complètement paralysée aux mains du *præs* ; il perdait cette qualité de *dominus ex jure Quiritium*, de maître absolu de son bien, pouvant à son gré en user et en abuser ; qualité qui était nécessaire pour qu'on pût agir en *reivindicatio*. Les *prædia subsignata*, sans devenir la propriété de la République, étaient sous la main et à la disposition de celle-ci ; ils étaient retirés du commerce et morts à la vie juridique. Ils ne pouvaient plus faire l'objet d'une aliénation ; ils ne pouvaient davantage être l'objet d'une revendication. Si le *præs* se voyait dépouillé par un tiers, il ne pouvait agir contre ce tiers, n'étant plus son propre maître relativement au bien envahi. Il n'avait qu'une chose à faire : se plaindre à la République. Celle-ci, dans son intérêt même, devait, non par un moyen judiciaire, mais par un procédé administratif, par un acte d'autorité, faire cesser l'occupation illicite de ce bien sur lequel elle avait la haute main.

Pour nous résumer d'un mot, disons donc qu'à notre

sens, la *subsignatio prædiorum* avait pour effet de frapper ces immeubles d'inaliénabilité, au profit de l'État. Si le *præs*, au mépris de la défense qui lui en était faite aliénait un de ses *prædia*, cette aliénation restait sans effet juridique jusqu'au jour où, ayant exécuté son obligation, il reprenait la libre disposition de tous ses biens. L'exécution, au contraire, devenait-elle nécessaire contre lui, la République comprenait tous les *prædia subsignata* dans la vente, en quelques mains d'ailleurs qu'ils pussent se trouver.

Si ce que nous venons de dire de la nature des *prædia subsignata* est exact, on comprend le danger qui pouvait résulter pour les tiers de leur inaliénabilité. Ce danger n'avait point échappé au sens pratique des Romains et ils ont su y parer en donnant à la *subsignatio* des *prædia* un caractère de publicité qui permettait facilement aux tiers de se renseigner sur le point de savoir si tel immeuble était engagé ou non à la République. Ceci nous amène à parler de la forme de la *subsignatio* des *prædia*.

Des renseignements précieux nous sont soumis, à ce sujet, par la loi de Malaca qui s'exprime en ces termes :

Quasque locationes fecerit (1) *quasque leges dixerit, quanti quit locatum sit et qui prædes accepti sint quæque prædia subdita subsignata obligatave sint quique prædiorum cognitores accepti sint in tabulas communes munici-*

____

(1) C'est-à-dire : *qui IIvir jure dicundo præerit.*

*pum ejus municipi referantur facito et proposita habe-
to* (1).

Il résulte de ce texte que la *subsignatio* des *prædia*
comprenait deux choses bien distinctes : 1° Le magistrat dans le ressort duquel se trouvait l'affaire, celui-là,
en d'autres termes, qui était compétent, étant donnée
la nature de l'opération dont il s'agissait, pour recevoir
l'engagement des *prædes*, l'était aussi pour recevoir la
subsignatio des *prædia*. Il dressait un écrit, qui paraît
être non un simple instrument, mais un élément essentiel pour la formation du contrat (2). 2° Le magistrat qui
avait dressé cet acte le transmettait au questeur de l'*æ-
rarium*, qui était chargé de le transcrire ou tout au
moins d'en faire un extrait sur un registre à ce destiné (3). Ce registre, ou, pour parler comme les Romains,
ces *tabulæ communes* pouvaient, ainsi que leur nom l'indique, être consultées par tous les citoyens. C'était là
qu'ils pouvaient facilement se renseigner sur le point de
savoir si un immeuble était ou non *subdatus, subsigna-
tus*, et s'ils pouvaient ou non s'en rendre valablement
acquéreurs. Dernburg (4) est le premier qui ait bien fait
ressortir ces deux phases de la procédure de la *subsignatio prædiorum* et qui ait distingué l'acte dressé par le
magistrat compétent, dont le but est de créer l'engage-

___

(1) Loi de Mal. Rubr. LXIII. — Conf. loi agr. de 643, lignes 45 et
100.

(2) En ce sens, Rivier, *loc. cit.*, § 19.

(3) Il y avait, bien entendu, des cas où le questeur se trouvait compétent aussi bien pour la première opération que pour la seconde.

(4) *Pfandrechte*, 30.

ment des *prædia*, d'avec la *relatio* de cet acte par le questeur, simple mesure de publicité dans l'intérêt des tiers.

Examinons maintenant quelles qualités devaient réunir les *prædia* pour pouvoir être engagés à *l'ærarium*.

Il fallait que le *præs* eût sur eux la propriété quiritaire (1) parce que le droit de l'Etat portait seulement sur cette partie du patrimoine qui était susceptible d'être engagée dans les formes du pur droit civil.

Les *prædia*, de plus, devaient, comme la personne même du *præs* être *soluta* (2), c'est-à-dire à notre sens qu'ils ne devaient pas être engagés à *l'ærarium* pour une autre dette.

Telles sont les deux seules conditions exigées des *prædia* par la loi, dont le souvenir nous ait été conservé par les sources. Ils devaient de plus, bien entendu, être assez importants pour garantir toute la créance de l'État. Le magistrat avait sur ce point une pleine liberté d'appréciation : il entrait dans l'*arbitrium magistratus* de déterminer quels biens étaient suffisants ou non pour garantir l'*ærarium* (3).

Il était difficile pour le magistrat de se rendre compte par lui-même de la valeur et de la qualité des *prædia* offerts par le *præs*. Aussi, des gens spéciaux, qu'on appe-

---

(1) Cicér., *pr. Flacco*, 32, Schol. Bob. *a. h. l.* (Orelli, p. 244) : *Prædia autem quæ jure legitimo non habentur neque apud ærarium subsignari possunt.*

(2) Loi agr. de 643, l. 46 : ... *neive magis manceps prævides prædiaque soluti sunto...*

(3) *Lex Puteol.* ; *Lex agr.* 643, lignes 45, 73, 84 ; Mal. Rubr. LX.

lait *cognitores*, étaient chargés d'éclairer le magistrat sur ce point.

Ces *cognitores* étaient de véritables experts, responsables des suites de leur estimation. S'il avait fourni de fausses indications, si l'exécution du *præs* ne suffisait pas à désintéresser l'*ærarium*, le *cognitor* se trouvait tenu comme *præs* et était vendu à son tour (1). Ces *cognitores* jouaient donc dans notre institution un rôle à peu près analogue à celui des *arbitri ad fidejussores probandi* dont il est question au Digeste, relativement à la fidéjussion (2).

SECTION III. — **De l'exécution du præs dans sa forme dernière.**

Nous avons vu dans le premier chapitre de ce travail que l'engagement du *præs* était identique dans sa nature à celui des autres débiteurs en vertu d'obligation publique et que l'exécution primitive porta sur la personne puis ensuite sur le patrimoine au moyen d'une *bonorum sectio*. Nous avons vu que ce fut ce changement apporté à l'exécution qui nécessita la création de la *subsignatio prædiorum*. Nous savons maintenant que, quelle que soit l'opinion que l'on adopte sur la nature de la *subsignatio prædiorum*, cette institution constitua seulement un renforcement des droits de l'État sur les biens du *præs*

(1) Mal. RR. LXIII et LXIV.
(2) Frag. 10, *pr.* ; *Qui satisd.* (II, 8).

et ne modifia en rien la nature essentielle de l'engagement de celui-ci. D'un autre côté, le souvenir de nulle
autre innovation qui aurait modifié la situation juridique du *præs* n'est venu jusqu'à nous. Dès lors, n'est-il
pas nécessaire de croire que jusqu'à la fin, le *præs* fut
tenu d'une façon identique à celle dont il l'était à l'origine ? N'est-il pas logique d'admettre, que toujours
l'exécution de notre caution, malgré certains changements de procédure et certaines complications de forme, garda au fond la même nature ? Telle n'est point
pourtant l'opinion admise par les plus récents commentateurs. Ils reconnaissent bien (1), ainsi que nous
l'avons fait plus haut, que ce qui succéda à la vente même de la personne du *præs*, ce fut la vente en bloc de son
patrimoine (2) ; ils reconnaissent que cette vente se
présenta d'abord sous la forme d'une *bonorum sectio*,
identique à celle qu'on faisait des biens des proscrits ou
des condamnés et ayant pour effet de mettre l'acquéreur
dans la situation d'un successeur universel, *loco herede*.
Mais ces mêmes commentateurs pensent que cette situation ne dura qu'un temps et admettent, sans expliquer,

(1) Rivier, *loc. cit.*, § 40. — Zimmermann, *loc. cit.*, p. 26.
(2) Que l'exécution sur la personne ait disparu très vite, avant même
qu'elle eût cessé d'être usitée pour les *nexi,* c'est un point hors de
doute et sur lequel tout le monde est d'accord, à l'exception de Müller. Ce savant, dans son édition de Festus (note au mot *manceps,*
p. 151) soutient que, théoriquement tout au moins, la vente de la
personne du *præs* était toujours possible, même à la fin de la République, même sous l'Empire. Mais cette opinion isolée ne saurait être
prise en considération et est si évidemment erronée qu'elle n'a pas
même besoin d'être réfutée.

d'ailleurs, quand ni comment s'opéra cette transforma-
tion, qu'à la vente en bloc du patrimoine se substitua
une autre forme très différente d'exécution. La République, selon eux, en serait arrivée à vendre non plus les
biens du *præs*, mais simplement les droits d'exécution
qu'elle avait sur lui : si bien que l'acheteur n'aurait acquis autre chose que la faculté d'exiger du *præs* ce dont
ce dernier était débiteur envers le peuple. Il nous a paru
utile de mentionner dès maintenant ce système, parce
que, nous le répétons, c'est celui qui paraît aujourd'hui le
plus en faveur ; mais avant d'arriver à l'exposer en détail
et à tâcher de montrer combien il est peu fondé, examinons les opinions qui se sont produites antérieurement
sur la nature de l'exécution du *præs* dans sa forme dernière. Ces systèmes peuvent se ranger en deux groupes :
d'une part ceux qui datent d'avant la découverte de la
loi de Malaca, document capital en cette matière ; d'autre part, celui proposé par Mommsen, dans son commentaire sur cette loi.

Des systèmes anciens, nous avons peu de chose à dire.

Saumaise (1) se borne à dire que l'exécution du *præs*
consistait dans la vente de ses biens, sans préciser l'é-
tendue ni les effets de cette vente.

Grævius (2), dont le système sur notre institution se
ramène à cette conception erronée que le débiteur de
l'*ærarium* fournissait des gages (*prædia*) et des cautions
(*prædes*), pense que l'exécution consistait dans la vente

______

(1) *De mod. usur..* ch. 16.
(2) *Loc. citat.*, p. 15.

de ces gages ; si ces gages étaient insuffisants, ou s'ils restaient sans acquéreur, *in vacuum* (1), l'État se retournait contre les cautions et vendait leurs biens.

Huschke (2) soutient que les *prædia subsignata* étaient vendus d'abord par l'*ærarium* et qu'ensuite, s'ils étaient insuffisants, l'État s'attaquait aux autres biens.

Bachofen (3), conséquent avec son système d'après lequel tous les biens du *præs* étaient hypothéqués à l'État, voit dans la *venditio prædium* une simple vente analogue à celle à laquelle procédait tout créancier gagiste.

Toutes ces opinions contiennent, à nos yeux, une part de vérité, à savoir que l'adjudicataire acquérait la propriété des biens vendus, mais elles se trompent ou se taisent sur la nature juridique de cette vente, ne reposent que sur de simples affirmations dénuées de preuve et n'expliquent absolument rien des détails de l'exécution. Il était en effet impossible de se rendre un compte exact de la chose avant la découverte de la loi de Malaca qui a engagé la critique dans une voie toute nouvelle, trop nouvelle, osons-nous dire, ainsi que nous tâcherons de le montrer par la suite.

(1) Telle est l'explication ingénieuse, mais absolument inexacte, qu'il donne de ce passage de Suétone sur Claude :

Ad eas res familiaris angustias decedit ut quum obligatam ærario fidem liberare non posset in vacuum lege prædiatoria venalis pependerit sub edicto præfectum.

Ce passage était pour les interprètes une énigme véritable avant la découverte de la loi de Malaca, qui nous a révélé l'existence possible de deux ventes successives et nous a appris que l'une était dite *lege prædiatoria* et l'autre *in vacuum.*

(2) Dans *Richter's kritischen Jahrbüchern,* 7, V, 605 (1841).

(3) *Pfandrechte,* p. 226.

Arrivons donc à l'examen de l'opinion de Mommsen (1). Ce savant, dont nous avons adopté entièrement
les vues sur l'exécution primitive du *præs*, pense à juste
raison que très vite, la vente de la personne du *præs*
cessa d'être usitée et qu'elle fût alors remplacée par le
système suivant : L'*ærarium*, au lieu de procéder tout
de suite à la vente du patrimoine, organisa, dans un but
de modération et d'humanité, une procédure préalable,
appelée vente *lege prædiatoria*, qui laissait au *præs*, mo-
mentanément gêné dans ses affaires, l'occasion et le
temps de s'acquitter ; seulement après cette tentative
restée vaine, l'État procédait à la vente du patrimoine,
dite vente *in vacuum*.

Telle est l'économie générale de ce système qui s'appuie sur la loi de Malaca, rubrique LXIV. Dans ce passage, en effet, il est parlé de deux sortes de ventes : d'une
première, dite *lege prædiatoria* et d'une seconde appelée
in vacuum, à laquelle on recourait, si la première ne
réussissait pas. Dès lors, conclut l'auteur, il est nécessaire d'admettre que la seconde procurait de plus grands
avantages à l'acquéreur et était au contraire plus nuisi-
ble au *præs*. La vente *lege prædiatoria* avait pour le *præs*
cet avantage qu'elle ne le dépouillait pas de son patrimoine. Elle consistait en réalité dans une seconde adjudication du travail auquel la République avait droit et
qui n'avait pas ou avait été mal exécuté par le *manceps*,
avec cette particularité que les *prædes* fournis par ce

____

(1) *Loc. citat.*, p. 474 et s.

dernier demeuraient affectés au second adjudicataire. Ce dernier n'était pas pour le prix de son travail créancier de la République, mais bien des *prædes* obligés pour la première adjudication. Ceux-ci lui étaient en quelque sorte délégués et leurs biens lui étaient livrés en fiducie, tant que la somme dont il était créancier ne lui était pas payée par eux ou par le premier *manceps*. Le *præs* gardait ainsi la faculté de reprendre ses biens, en payant la personne qui s'était chargée du travail qu'aurait dû exécuter le *manceps*, ou en transigeant avec elle. Si personne ne se présentait à cette seconde adjudication que faisait l'État de la prestation à lui due et n'avait assez de confiance dans le *manceps* ou dans ses *prædes* pour espérer de pouvoir se payer sur eux du prix de l'entreprise, l'État se voyait alors obligé de procéder à un second moyen d'exécution, plus radical que le premier. Il vendait en bloc le patrimoine tout entier du *præs* ; c'est cette vente qui, selon Mommsen, s'appelait *venditio in vacuum*.

Ce système a pour point de départ une vérité incontestable : à savoir qu'il y avait pour le *præs* deux ventes possibles : la *venditio lege prædiatoria* et la *venditio in vacuum*.

Mais deux objections considérables viennent ruiner complètement la nature qu'il entend attribuer à la première de ces ventes et rendent inadmissible qu'elle consistât dans une seconde adjudication du travail à effectuer. D'une part, en effet, si cela était vrai, il n'aurait pu y avoir lieu à une vente *lege prædiatoria* que dans l'hypothèse toute spéciale où le *manceps* était un *redemptor*, c'est-à-dire un adjudicataire de travaux publics, alors qu'au contraire cette institution est présentée par la loi de Malaca comme quelque chose de général et qui trouvait sa place dans tous les cas où il y avait lieu de procéder à l'exécution de *prædes*. D'un autre côté, il résulterait du système que nous combattons que les deux ventes auraient eu des effets tout à fait différents, la seconde seule rendant l'acquéreur propriétaire des biens du *præs*. Or, les sources (1) nous disent clairement que l'acquéreur « *lege prædiatoria* » et l'acquéreur « *in vacuum* » étaient mis sur la même ligne. Jamais il n'est distingué, pour déterminer l'étendue de leurs droits, en vertu de quelle vente ils avaient traité.

L'explication de Mommsen est donc à la fois beaucoup trop particulière et trop en opposition avec les textes pour pouvoir être acceptée. Ce qui a amené ce savant à formuler un pareil système, c'est une fausse interprétation d'un passage des *Verrines* de Cicéron (2) connu sous le nom de *causa Juniana*, passage sur lequel on a déjà beaucoup discuté et beaucoup écrit, mais qu'il nous faut examiner aussi rapidement que possible avant d'aller plus loin.

Parmi les crimes nombreux que Cicéron reproche à Verrès, l'orateur expose le fait suivant : Un certain Junius avait affermé l'entretien du temple de Castor et fourni des *prædes* et des *prædia* pour garantir la bonne

(1) En particulier, Mal. R. LXV.
(2) *Seconde Verrine*, liv. I, ch. 50-57.

exécution du travail. Au cours de la location, il mourut laissant à son fils impubère la charge de son obligation. Quelque temps après, la location prit fin et l'entretien du temple fut de nouveau mis en adjudication. Un cer tain Rabonius se rendit adjudicataire du travail. Cette adjudication au profit de Rabonius avait eu lieu avant que le travail fait par Junius et son héritier eût été approuvé par la République. Ce ne fut qu'un peu plus tard, que le Sénat confia à Verrès, alors préteur à Rome, les « *sarta tecta exigenda* », c'est-à-dire le soin de vérifier si tout avait été exécuté par Junius conformément au cahier des charges. Verrès eut alors l'idée de refuser son approbation aux travaux effectués et de s'entendre avec Rabonius, pour réaliser avec lui un gain considérable, aux dépens du pupille. Il visita le temple, déclara que les colonnes n'étaient pas exactement perpendiculaires au sol, ce qui était exact, et que Junius aurait dû les remettre en état, ce qui était faux : ce fut sous ce prétexte qu'il déclara que Junius n'avait pas rempli ses obligations. Les tuteurs de l'impubère entrèrent alors en pourparlers avec Rabonius et voyant le danger qui menaçait leur pupille firent avec lui la convention suivante : Rabonius, moyennant 200.000 sesterces, se chargeait de l'exécution du travail, qui, d'ailleurs, en réalité ne valait pas plus de 40.000 sesterces. C'était déjà un gros profit que Rabonius aurait partagé avec Verrès. Mais celui-ci trouva ce gain encore trop faible et, ne tenant aucun compte de la convention intervenue entre les tuteurs et Rabonius, il se décida à remettre en adjudica-

tion le travail que, selon lui, Junius aurait dû exécuter.
Il s'arrangea de telle sorte que l'adjudication eût lieu
sans publicité ni affiches préalables, un jour de fête. Il
introduisit, dans le cahier des charges, des conditions
telles qu'aucun tiers ne pouvait songer à se rendre adjudicataire, malgré le prix immense de 560.000 sesterces
qu'il avait fixé comme rémunération du travail.

Le seul Rabonius, avec lequel il était convenu que,
bien entendu, l'exécution des clauses extraordinaires
du cahier des charges ne serait point exigée de lui, devait donc vraisemblablement oser se présenter à l'adjudication et partager avec Verrès la somme énorme
qui devait lui être payée par le jeune Junius ou par ses
*præde*s. Cependant pour déjouer ce plan, les tuteurs ac-
coururent à la vente et se présentèrent comme adjudicataires. Verrès, voyant que l'affaire allait manquer,
n'hésita pas à introduire sur le champ dans le cahier
des charges une nouvelle clause, d'après laquelle les
tuteurs se voyaient exclus presqu'en termes exprès. Dès
lors, Rabonius put se rendre acquéreur du travail et le
prix de l'adjudication lui fut payé par Brutus, un des
*præde*s de l'impubère qui craignit, s'il ne payait pas, de
voir ses biens vendus.

Après avoir rapporté ces faits, Cicéron, s'indignant
de la façon dont les tuteurs avaient été écartés de l'adjudication s'écrie : *Ubi illa consuetudo in bonis prædibus prædiisque vendendis, omnium consulum, censorum,
prætorum, quæstorum denique ut optima conditione sit is,
cuja res sit, cujum periculum? Excludit eum solum,*

cui prope dicam soli potestatem factam esse oportebat!

C'est en se basant sur l'expression de Cicéron « *in bonis prædibus prædiisque vendendis* » que Mommsen en est arrivé à croire que la seconde adjudication du travail dont a parlé Cicéron était une *venditio prædium* et qu'elle constituait la première phase de l'exécution dont il est parlé dans la loi de Malaca, sous le nom de *venditio lege prædiatoria* (1).

C'est là une preuve dont la fragilité est facile à apercevoir. En effet, dans toute l'exposition de l'affaire, Cicéron n'a pas parlé une seule fois d'exécution ni de vente des *prædes*, mais seulement de « *locatio* » et de « *manceps* » ; c'est seulement à la fin, dans une exclamation oratoire qu'il se sert de cette expression : *in bonis prædibus prædiisque vendendis*. Huschke n'hésite pas à admettre que l'on doit placer le mot *bonis* et le mot *prædiis* en apposition et que les biens du *præs* s'appelaient « *bona prædia* (2) ». Cela paraît bien inadmissible, car cette

(1) Huschke, après avoir soutenu l'opinion que nous avons rappelée plus haut, s'est rangé aussi à cet avis dans *Zeitschr. für gesch. Rechtswissenschaft*, vol. 14, p. 269, note.

(2) Huschke base son opinion sur une prétendue scholie d'Asconius (§ 142, *ad Verr.*) où nous lisons en effet :

Bona prædia dicuntur bona satisdationibus obnoxia, sive sint in mancipiis, sive in pecunia numerata, prædia vero, domus agri. Hæc omnia venduntur, si rationi publicæ locator sartorum tectorum non respondet.

Mais le poids de cette autorité est absolument négligeable. Madvig a en effet démontré que la partie du commentaire où se trouve cette glose a été écrite, non par Asconius, mais beaucoup plus tard, peut-être après la chute de l'Empire d'Occident, par un inconnu complètement ignorant des antiquités romaines, et que le travail du Pseudo-Asconius est « plein d'inexactitudes, de puérilités et même d'absur-

expression est complètement ignorée des sources et elle ne se rencontre dans aucun autre passage de Cicéron : quand il veut parler de l'exécution des *præues*, il dit toujours *venditio prædium*, *venditio prædium prædiorumque* et jamais *venditio bonorum prædiorum*. Il n'est donc pas douteux, comme l'a ingénieusement proposé Zimmermann, qu'il ne faille placer une virgule après *bonis* : ce qui enlève au texte tout le sens que Mommsen et Huschke veulent y attacher. En effet, le passage ainsi lu parle non seulement de *venditio prædium*, mais encore de *venditio bonorum*, *venditio* qui très certainement n'était point applicable dans l'espèce. Il y a donc lieu d'admettre que Cicéron a voulu simplement conclure par analogie et donner des exemples de cas dans lesquels « *is cuja res sit, cujum periculum* » devait être et était « *in optima conditione* ». Nous savons, en effet, qu'une situation avantageuse était faite à celui qui était exposé à une *bonorum venditio*, en ce sens qu'il pouvait l'éviter en fournissant des satisdations (1) et nous devons conclure de ce passage que quelque chose d'analogue était admis dans la vente des *prædes*. Nous aurons d'ailleurs à revenir sur ce dernier point.

En résumé, donc, il est impossible de voir dans l'opération décrite par Cicéron une *venditio prædium lege prædiatoria*. Il y a là quelque chose de tout spécial, un privilège particulier accordé au *redemptor* et à ses *prædes*,

---

dités ». — Conf. au surplus Orelli et Reiter, dans l'édition qu'ils ont donnée d'Asconius en 1833.

(1) Frag. 33, I, 16, au Digeste.

sur la nature duquel nous voulons nous expliquer, pour n'avoir plus à y revenir.

Si, comme nous l'avons dit, et comme cela est certain, le *præs* garantissait d'abord, sur sa personne, ensuite au péril de sa fortune, la parfaite exécution de l'obligation du *manceps*, on ne peut douter que, lorsqu'un *redemptor* avait mal exécuté son travail, la République ne fut en droit de procéder immédiatement à la vente des *prædes*. Mais l'Etat lui-même avait reconnu que l'exercice de ce droit constituait quelque chose d'excessif et de trop dur. L'imparfaite exécution d'un travail ne suppose nullement en effet l'insolvabilité du *manceps* ni de ses *prædes*, insolvabilité que fait au contraire présumer la non-prestation d'une somme d'argent. Dès lors, la République, renonçant à user de tout son droit, avait pris l'habitude, par humanité, de procéder, en cas de travail imparfaitement exécuté, de la façon suivante : Elle remettait en adjudication le travail mal fait, avec cette condition que les *prædes* étaient tenus de payer au second *redemptor* le montant du prix pour lequel ce dernier se rendait adjudicataire du travail. De plus, le premier *redemptor* était non seulement admis à la seconde adjudication, mais y était préféré à ses concurrents. Il pouvait ainsi se charger de nouveau de l'exécution de ce qui était défectueux, dans le travail par lui commencé. Ses anciens *prædes* restaient alors, dans ce cas, les garants de sa nouvelle obligation. Le *manceps* ne recevait, bien entendu, aucun prix pour son nouveau travail et il devait être considéré fictivement comme se payant lui-même. Si le *manceps*, non plus qu'une tierce personne, ne se présentait à cette adjudication, l'Etat se voyait alors obligé de procéder à la vente des *prædes*, dans la forme ordinaire, d'abord *lege prædiatoria*, ensuite, si besoin était, *in vacuum*. Mais nous le répétons, cette opération à laquelle la République avait l'habitude de procéder avant de recourir aux moyens extrêmes, était une faveur, qui, à raison même de sa nature, n'était applicable que dans l'hypothèse d'une *redemptio*, et nullement dans les autres cas où des *prædes* étaient fournis.

Après avoir discuté le système de Mommsen et éliminé de la vente du *præs* des questions qui lui sont étrangères, abordons l'examen de l'opinion proposée par Zimmermann et plus tard adoptée presque complètement par Rivier.

Cette opinion, à laquelle nous avons déjà fait allusion se ramène à ceci : La République ne vendait pas le patrimoine des *prædes*, mais simplement son droit d'exécution sur eux. Le *prædiator* n'acquérait qu'une chose : la faculté de réclamer aux *prædes* ce que la République pouvait exiger d'eux. C'était selon l'expression même de Zimmermann « l'acquisition moyennant un prix du droit de poursuite qui compétait au peuple ».

Ce système est étrange et s'accorde bien mal avec ce que Zimmermann lui-même admet de la nature de l'obligation du *præs*. Pour être accepté, il doit donc s'appuyer sur des preuves singulièrement décisives. Or, à nos yeux, il est bien loin d'en être ainsi ; pour s'en convaincre il suffit de passer en revue les arguments présentés par Zimmermann à l'appui de son système.

C'est d'abord la considération générale suivante : Le principe fondamental de l'administration romaine, constate l'auteur, était la simplification de la tâche des magistrats. On obtenait cette simplification à l'aide du système de la ferme. La République, par exemple, au lieu de procéder directement à la rentrée du vectigal et des autres impôts, au lieu de s'embarrasser de la poursuite d'une foule de petites créances, abandonnait à des particuliers, aux publicains, le droit de poursuivre pour leur compte toutes ces créances, moyennant le payement d'un prix unique et déterminé. Dès lors, n'y a-t-il pas lieu de conclure par analogie et de penser que la République ait songé aussi à se débarrasser de l'exécution des *prædes* ; qu'elle ait pris l'habitude, dans un but de simplification, de vendre sa créance contre le *præs*, de la même façon qu'elle affermait ses créances contre les contribuables ?

Ce rapprochement nous semble bien peu naturel. Il est très vrai, en effet, que le système de la ferme appliqué aux impôts procurait à l'Etat une très grande simplification en transformant beaucoup de petites créances en une seule ; mais qui ne voit que ce résultat ne pouvait pas se produire en matière d'exécution de *prædes* ? N'était-il pas, en effet, nécessaire de recourir à une vente spéciale pour chaque cas où des *prædes* n'avaient pas rempli leur obligation ? En quoi était-il plus simple, pour le peuple, de vendre son droit contre les *prædes* plutôt que de vendre en bloc le patrimoine de ceux-ci ?

Et quel avantage avait l'État à faire de l'acquéreur un cessionnaire du droit d'exécution plutôt qu'un successeur à titre universel du *præs* ?

En second lieu, Zimmermann s'appuie sur le passage suivant de la loi agraire de 643 (1), où il est question du payement des terres vendues par la République :

Neive quod pequniæ ob eam rem propriore die exactum erit, atque uteique in hace lege scriptum est, is quei pecuniam populo dare debebit, ei quei eo nomine ab populo mercassitur, ob eam rem pequniam ei nei minus soluto.

Selon l'auteur, cet individu « *qui eo nomine a populo mercassitur* » ne peut être qu'un *prædiator* et l'objet du trafic ne peut être que l'exécution du débiteur, par conséquent une vente de *prædes*.

C'est à Rivier lui-même (2) qui pourtant partage l'opinion que nous combattons maintenant, que nous empruntons la réfutation de cet argument. Cet individu « *qui eo nomine a populo mercassitur* » n'est pas du tout un *prædiator*, mais bien un publicain. Il ne peut être question ici de la vente de *prædes*, par la raison très simple que l'opération dont il s'agit dans ce passage a lieu avant l'échéance fixée par la loi pour le payement des terres vendues (3), avant par conséquent que les

______

(1) Ligne 71, ou, selon les divisions adoptées par Rudorff et Zimmermann, chap. 34.

(2) Rivier, *loc. citat.*, § 38.

(3) Cela résulte du rapprochement des chap. 34 et 35 de la loi et cette conclusion s'impose, soit qu'on adopte la restitution proposée par Rudorff, ou celle admise par Mommsen.

prædes fournis par les acquéreurs fussent susceptibles d'être poursuivis.

Voici, à notre sens comment doit être compris ce passage. La République, par suite de la lotisation et de la vente de l'*ager publicus* d'Afrique et de Corinthe, ordonnées par la loi qui nous occupe, acquérait un nombre considérable de créances distinctes, autant de créances qu'il y avait de lots vendus. Il eut été aussi difficile pour les magistrats de faire rentrer toutes ces créances que de s'occuper, par exemple, du payement du *vectigal*. Pour parer à cet inconvénient, le législateur, dans le passage en question, décida qu'on en agirait pour la rentrée des prix de vente à l'imitation de ce qu'on avait coutume de faire pour les impôts. On afferma à un particulier, à un publicain, le droit de poursuivre les acquéreurs de l'*ager publicus*. Ce publicain, pour prix de sa « *locatio* » dut payer à l'*ærarium* une somme un peu inférieure au montant de tous les prix de vente, afin que l'opération restât rémunératrice pour lui. Ce texte, on le voit, n'a rien de commun avec l'exécution des *prædes*.

Le troisième argument présenté par Zimmermann à l'appui de sa thèse est peut-être encore, s'il est possible, moins solide que les précédents. Voici en quoi il consiste : « Nous savons, dit le jurisconsulte, que les adjudicataires de l'État prenaient des noms différents, selon la nature des choses dont ils se rendaient adjudicataires ; qu'il existait des *scriptuarii* (fermiers du droit de pâturage), des *decumani* (fermiers de la dîme) etc... Or le souvenir d'une catégorie de personnes appelées *præ-diatores* est venu jusqu'à nous ». Alors l'auteur, réfutant les opinions erronées qui se sont produites sur la nature de ces *prædiatores*, démontre d'une façon certaine que ces gens avaient pour métier de se rendre acquéreurs dans les ventes des *prædes* et des *prædia* et que de plus, ils formaient des sociétés organisées d'une façon analogue à celles des publicains (1). Sur ces deux points, nous

(1) Il n'est plus permis de douter aujourd'hui que telle était bien la nature des *prædiatores*. Gaius (II, 61) nous dit en effet : *nam qui mercatur a populo prædiator appellatur*. Et ce passage est encore rendu plus clair si on le rapproche des mots suivants de la loi de Malaca (R. LXV) : *iiqui eos prædes, cognitores, ea prædia mercati erunt*. L'emploi constant de « *mercari* » à la place de « *emeri* » quand il est parlé des *prædiatores* montre que ces personnes faisaient vraiment métier de se rendre acquéreurs dans les ventes de *prædes*. Car le mot « *mercari* » contient l'idée d'un trafic habituel et continu, non celle d'une opération isolée et accidentelle. Il résulte de plus du rapprochement de Polybe (VI, 15) et de la loi de Malaca (Rubr. LXV) que ces *prædiatores* formaient des sociétés organisées de la même façon que celles des publicains. Polybe nous apprend en effet que dans celles-ci, les associés se partageaient les rôles, l'un d'eux se portant *manceps*, tandis que les autres s'engageaient comme *prædes*. Or nous lisons dans la loi de Malaca que les actions qui compétaient à l'acquéreur des *prædes* compétaient aussi à ses *prædes socii*, c'est-à-dire à ses associés qui s'étaient engagés comme *prædes* pour assurer à la République le payement du prix d'acquisition.

Cette opinion désormais incontestable avait déjà été entrevue par Saumaise, et il ne faut citer que pour mémoire cette croyance assez répandue parmi les jurisconsultes des derniers siècles, d'après laquelle les *prædiatores* étaient les gens versés dans la connaissance du droit prédiatorial. Pour finir, rappelons aussi à titre de curiosité un sens singulier qu'on donnait au XVIe siècle à ces mots : droit prédiatorial. On croyait alors que ce droit était l'ensemble des dispositions relatives aux immeubles, aux *prædia*, tandis qu'il est bien certain que les Romains réservaient ce nom aux règles relatives à l'exécution des *prædes*. De plus, comme Cicéron (*Epist.* V, 20, 3) nous apprend que C. Furius Camillius, jurisconsulte distingué, avait coutume

sommes parfaitement d'accord avec Zimmermann, mais il ne nous en paraît pas moins bien impossible de le suivre dans la conclusion qu'il en veut tirer. Cette conclusion est celle-ci : Puisque les *prædiatores* étaient organisés en sociétés de la même façon que les publicains, on doit admettre que les *prædiatores* affermaient l'exécution des *prædes* et n'acquéraient contre eux qu'un seul droit, celui de les poursuivre à la place de la République : de la même façon que les publicains affermaient le vectigal et n'acquéraient contre les contribuables que le droit de les poursuivre.

Ce raisonnement est tellement forcé et inattendu qu'il est à peine besoin de le réfuter. Comment peut-on conclure de l'identité d'organisation des *prædiatores* et des publicains, à l'identité des droits qu'ils acquéraient ? En quoi y a-t-il dans tout cela le plus léger indice que les *prædiatores* ne devenaient pas propriétaires du patrimoine des *prædes* exécutés ? Du reste, Zimmermann lui-même, après avoir assimilé d'une façon aussi audacieuse les droits des *prædiatores* avec ceux des publicains, nous met lui-même plus loin en garde contre cette comparaison, et nous dit qu'il ne faut pas la pousser trop loin. Une grande différence, ainsi s'exprime-t-il en substance, existait en effet entre les deux cas : les publi-

de renvoyer aux *prædiatores* les gens qui le consultaient sur un point relatif à ce droit, Baudouin (*de jurispr. Muciana*) en avait conclu qu'il constituait un enseignement secret. En réalité, si C. Furius Camillius en agissait ainsi, c'était parce qu'il ne se croyait pas aussi compétent sur ces questions que les praticiens dont la vie se passait à les discuter et à les mettre en pratique.

cains, en affermant l'impôt, acquéraient le droit de poursuite sur des créances non encore échues, tandis que la vente des *prædes* ne se faisait qu'après l'échéance de leur obligation. Cette remarque de l'auteur suffit à elle seule à expliquer pourquoi il n'y a pas la moindre analogie entre la ferme de l'impôt et la vente des *prædes*. Dans le premier de ces deux cas, les publicains ne pouvaient acquérir autre chose que le droit de poursuite compétant au peuple, puisqu'ils se rendaient acquéreurs de créances non encore à terme. Dans le second, le *prædiator* acquérait des droits tout différents et bien plus étendus, parce que, justement, l'opération portait sur une créance échue et restée inexécutée après l'échéance.

Tels sont les arguments présentés par Zimmermann à l'appui de la thèse singulière qu'il soutient. Nous croyons qu'aucun d'eux ne supporte un examen attentif. Voyons maintenant si, dans l'ouvrage de Rivier, nous trouverons de meilleures raisons en faveur de ce même système. Ainsi que nous l'avons dit, cet auteur repousse comme inexacte la prétendue preuve tirée de la loi agraire de 643. A la place de cet argument qu'il ruine, Rivier en édifie un autre (1). Nous croyons qu'il n'est pas meilleur, et même, si nous le comprenons bien, il ne peut qu'être le résultat d'une inadvertance de l'éminent jurisconsulte. Il est tiré du passage suivant de Gaius, ainsi conçu :

Item si rem obligatam sibi populus vendiderit, eamque

____

(1) *Loc. citat.*, § 33 *in fine.*

dominus possederit concessa est ususreceptio ; sed hoc casu prædium biennio usurecipitur. Et hoc est quod vulgo dicitur ex prædiatura possessionem usurecipi ; nam qui mercatur a populo, prædiator appellatur (1).

Dans ce passage, on le voit, il est question de *l'usureceptio* appelée habituellement *ex prædiatura*, sur la nature et la portée de laquelle nous aurons à revenir bientôt, mais qui, d'après l'opinion générale, consiste essentiellement en ceci : si le *præs*, après la vente, reste en possession de ses *prædia*, il les usucape par un délai de deux ans.

Voici la façon dont Rivier argumente de ce texte : le *præs*, dit-il, après la vente faite au *prædiator* est appelé par Gaius « *dominus* », propriétaire. N'est-ce point la preuve directe de ce que le *præs* ne perdait pas ses droits de propriétaire par suite de cette vente ? Il est facile de voir le sophisme que contient cette argumentation. Si réellement, après la vente, le *præs* restait *dominus*, comment pouvait-il avoir besoin d'usucaper les *prædia* demeurés en sa possession et depuis quand un propriétaire peut-il usucaper sa propre chose ? Ce texte, bien loin de prouver en faveur du système que nous combattons, semble démontrer au contraire d'une façon évidente que la propriété des *prædia* vendus appartenait à l'acquéreur, au *prædiator*. L'expression de Gaius, *dominus*, n'a rien d'étrange et doit être prise dans le sens d'ancien propriétaire. Ce sens s'imposait d'une façon si évidente, que le jurisconsulte n'a pas pris la peine de

______
(1) Gaius, II, 61.

joindre au mot propriétaire l'épithète d'ancien ou de précédent, épithète qui était certainement dans sa pensée et se trouvait aussi dans celle de ses lecteurs : Car chacun savait qu'on n'avait pas besoin d'usucaper sa propre chose et, au cas où quelqu'un l'eut oublié, le paragraphe qui précède presqu'immédiatement celui-ci et qui s'y rattache d'une façon intime, le lui eut rappelé : Gaius, en effet, dans le § 59 s'exprime ainsi :

Adhuc etiam ex aliis causis sciens quisque rem alienam *usucapit.*

Nous en avons fini avec l'exposition et la critique de ce système qui consiste à voir dans la *venditio prædium* la vente par la République de son droit d'exécution. Nous croyons avoir démontré qu'il ne repose que sur des conjectures dénuées de fondement et nous avons fait par là la preuve indirecte de l'opinion que nous défendons. Cette opinion, c'est que, jusqu'à l'époque où l'usage des *prædes* tomba en désuétude, l'exécution contre eux continua toujours à être une vente en bloc de leur patrimoine. Nous avons admis que cette vente, après que l'exécution sur la personne fût tombée en désuétude, présenta le caractère d'une *bonorum sectio*. Nous ne voulons point soutenir qu'elle ait gardé absolument ce caractère jusqu'à la fin. Il est hors de doute, au contraire, qu'avec le temps elle en est arrivée à constituer une opération *sui generis* ressemblant beaucoup dans ses effets à la *bonorum venditio*, à laquelle même, selon Keller (1), elle aurait servi de

(1) *Rœm. Civilprocess.*, § XXIII.

prototype et de modèle, n'en différant en somme que par son origine civile et par certaines particularités tout à fait spéciales.

Mais nous le répétons ce sont là, à notre sens, les seuls changements que le temps apporta, au cours des siècles, à l'exécution du *præs*. La preuve directe de cette affirmation se trouve écrite, croyons-nous, dans la loi de Malaca, c'est-à-dire dans le document le plus récent qui nous soit parvenu sur les *prædes*, dans celui qui, par conséquent, nous donne le dernier état de la législation sur la question. C'est de la Rubrique LXV de cette loi que nous voulons parler ; texte très important que Zimmermann et Rivier ont laissé dans l'ombre et n'ont point cherché à expliquer dans son ensemble, justement peut-être parce qu'il est la négation même de leur système. Il est conçu ainsi :

Quos prædes quæque prædia quosque cognitores IIviri municipii Flavi Malacitani hac lege vendiderint, de iis quicumque jure dicundo præerit, ad quem de ea re in jus aditum erit, ita jus dicito judiciaque dato, ut ei, qui eos prædes cognitores ea prædia mercati erunt, prædes socii heredesque eorum iique, ad quos ea res pertinebit, de is rebus agere easque res petere persequi recte possit.

Nous voyons, d'après cela, qu'il était prescrit au magistrat « *qui jure dicundo præerit* », c'est-à-dire, dans les municipes, à l'un des *IIviri*, à Rome, au préteur (1), de

____

(1) Nous avons déjà dit qu'il résulte de la loi de Malaca elle-même (Rub. LXIV) que le droit suivi dans ce municipe relativement aux *prædes* n'était qu'une copie de celui en vigueur à Rome.

faire en sorte (*jus dicere, judicia donare*) que le *prædia-tor* (*is qui eos prædes.. mercatus erit*) pût exercer toutes les actions, tant personnelles que réelles (*agere easque res petere persequi recte possit*) qu'il trouvait dans le patrimoine du *præs* (*de iis rebus*).

Ou cette disposition n'a pas de sens, ou elle veut dire ceci : Le *prædiator*, par suite de son acquisition, est dans une situation analogue à celle du *bonorum emptor*. Il est successeur universel du *præs*. Il est non seulement propriétaire des biens qu'il trouve dans le patrimoine de celui-ci, mais encore toutes les actions qui compétaient au *præs* sont maintenant passées sur sa tête. Mais pour qu'il pût les exercer, il était nécessaire d'introduire dans les formules de ces actions une modification, une fiction faisant du *prædiator* un héritier du *præs*. C'est ce qui était ordonné au magistrat dans le passage cité (1).

Nous sommes ici en présence de quelque chose de semblable à ce qui se passait après une *bonorum venditio* et la rubrique LXV de la loi de Malaca est à rapprocher de Gaius, IV, 35, passage relatif à l'organisation d'actions fictices au profit du *bonorum emptor* (2). C'est de plus une conjecture fort vraisemblable que le titre *de*

___

(1) *Ita jus dicito judiciaque dato uti*, etc.

(2) La seule objection qu'on pourrait faire à cette manière de voir, c'est que, la *venditio prædium* étant d'origine civile et non prétorienne, on conçoit mal que le préteur ait eu besoin d'organiser en cette matière des actions fictices. Cette objection tombe, si l'on se rappelle que toute action fictice n'est pas, par cela même, prétorienne et qu'il existe des cas d'actions fictices d'origine purement civile ; voy. notamment celui qui nous est fourni par le chapitre XX de la loi Rubria.

prædiatoribus de l'édit du préteur (1) contenait des formules d'actions fictices au profit du *prædiator* identiques à celles qui étaient organisées dans le même édit (2) au profit du *bonorum emptor*.

Quoiqu'il en soit de ce dernier point, le sens de notre texte n'en reste pas moins clair et il n'en résulte pas moins que la vente du *præs*, au temps de Domitien, comme auparavant, était toujours restée, dans son essence, une vente en bloc du patrimoine.

Après avoir déterminé quelle était, à nos yeux, la nature générale de la vente du *præs*, nous allons en examiner la procédure et les effets dans leurs détails et chercher à répondre aux questions suivantes : Quand y avait-il lieu de procéder à la vente des *prædes* ; quels magistrats étaient compétents pour l'ordonner ; qu'était la vente *lege prædiatoria* ; quand y avait-il lieu de recourir à une vente *in vacuum* et en quoi différait cette dernière de la précédente ; quels étaient les droits qui compétaient à l'acquéreur ; quelle était, après l'exécution, la situation du *manceps* vis-à-vis du *præs*.

1° Quand y avait-il lieu de procéder à la vente du *præs* ?

Sur ce point aucune difficulté ; la seule condition requise pour que la vente fût possible, c'était l'échéance du terme (3). De jugement préalable, il n'en est, bien entendu, point question. Nous avons déjà insisté sur ce

(1) Titre XXXIII, d'après la restitution de Lenel.
(2) Titre XXXXI, d'après Lenel.
(3) Voy. 1. de. Mal., rubrique LXIV.

point, que l'essence même de l'institution des *prædes* était de permettre une exécution directe sans intervention du juge.

Donc, sitôt que la dette était échue, la République pouvait, *stricto jure*, procéder à la vente des *prædes*. Mais il est certain que l'État n'en usait pas toujours ainsi ; nous avons vu en effet qu'en cas de travail mal exécuté par le *manceps*, l'on avait coutume, avant de recourir à l'exécution, de procéder à une seconde adjudication du travail. Il est probable que, dans tous les cas, l'État accordait certains délais, résultant d'usages administratifs et avait recours à une sommation préalable. Cicéron (1) nous donne une indication intéressante à ce sujet. D'après lui, en effet, ce fut seulement après une réclamation qui semble bien présenter les caractères d'une sommation véritable que l'*ærarium* procéda à la vente des *prædes* d'Antoine. C'est là, d'ailleurs, pour nous, une question d'intérêt secondaire et qui ne touche en rien aux principes.

Un point plus intéressant est celui de savoir quand la dette était échue. Dans le cas de prêts d'argent par l'*ærarium*, la République fixait toujours un terme pour le remboursement (2). Il arrivait parfois que le terme était fixé par là loi elle-même : Tel, le cas de la loi agraire qui, dans la ligne 71, détermine l'époque où les acquéreurs de l'*ager publicus* devaient effectuer le payement de leur prix. En cas de livraisons et de travaux publics,

(1) Phil. II, 29, 31.
(2) Tacite, *Annal.*, 6, 7. — Tite-Live, 22, 60.

l'échéance résultait de la non exécution dans les délais prescrits par le cahier des charges.

Pour les *cognitores*, l'échéance n'était, sans doute, pas la même que pour les *prædes*. En effet, ils n'étaient tenus envers l'État que si leurs estimations étaient inexactes (1). Pour voir si réellement, ils avaient commis une erreur, il fallait bien que la République eût déjà exécuté les *prædes*. Ce n'était donc qu'après la vente de ces derniers, et si l'*ærarium* ne se voyait pas alors complètement désintéressé, que les *cognitores* pouvaient être poursuivis (2).

2° Quels étaient les magistrats compétents pour procéder à la vente ?

En ce qui concerne le municipe de Malaca et très vraisemblablement tous les municipes, des renseignements très précis nous sont fournis par la loi de Malaca, Rubr. LXIV. Il résulte de ce texte que la vente, dans tous les cas, était ordonnée par un décret rendu par les deux duovirs « *qui ibi jure dicundo præerunt* ». Si l'un des duovirs était empêché, l'autre pouvait agir seul avec l'autorisation d'un tiers des membres du Sénat (3).

A Rome, c'était régulièrement, d'abord, les questeurs

____

(1) Mal., R. LXIV : « *Si quid eorum in quæ cognitores facti erunt, ita non erit...* »

(2) En ce sens, Rivier, *loc. citat.*, § 37.

(3) C'est du moins le sens qui nous paraît le plus naturel et celui que nous adoptons avec Rivier (*loc. cit.*, § 37). Mais il faut reconnaître que le passage peut prêter aussi à une autre interprétation, suivie par Zimmermann (*loc. cit.*, p. 30), et que l'on peut croire avec cet auteur que, dans tous les cas, l'autorisation d'un tiers des membres du Sénat était nécessaire.

urbains, administrateurs de l'*ærarium* et, plus tard, les *præfecti ærario* qui étaient compétents pour ordonner la vente. Il est possible que, dans l'hypothèse de travaux publics, le magistrat qui avait les « *sarta tecta exigenda* » pouvait lui-même, s'il improuvait le travail, s'occuper de l'exécution. Il résulte certainement de la « *causa Juniana* » qu'il pouvait ordonner la seconde adjudication du travail à laquelle on recourait d'habitude dans cette hypothèse ; et il est vraisemblable que, si cette seconde adjudication n'aboutissait pas, il ne se trouvait pas dessaisi et pouvait procéder à la vente des *prædes*.

La vente était annoncée par voie d'affiches et précédée de tout un système de publicité dont nous ne connaissons pas d'ailleurs les détails (1).

3° Qu'était la vente « *lege prædiatoria* » ?

Après les préliminaires dont nous venons de parler et au jour fixé par le magistrat, l'on procédait à la vente dite « *lege prædiatoria* ».

Cette expression a donné lieu à une méprise qu'il n'est pas sans intérêt de rapporter ici.

Mommsen (2), Dernburg (3), Rivier (4), se basant sur une fausse lecture du paragraphe 28, IV, de Gaius, ont cru à l'existence d'une certaine loi *prædiatoria*, ayant pour but de donner aux publicains une *pignoris capio* contre les débiteurs du *vectigal* et qui, selon ces auteurs,

(1) Cela résulte, par voie d'analogie, de Cicéron, 2ᵉ *Verr.*, l. I, ch. 50-57.
(2) *Stadtrechte*, p. 474.
(3) *Pfandrechte*, p. 36.
(4) *Loc. citat.*, § 36.

aurait aussi réglé les conditions dans lesquelles il y avait lieu de procéder à la vente du *præs*. Il est aujourd'hui certain qu'il faut lire dans ce passage « *lege censoria* » et non « *prædiatoria* (1) et il est non moins certain que cette expression « *lex prædiatoria* » ne désigne point un acte législatif, mais le cahier des charges que le magistrat dressait pour parvenir à la vente. Cette façon de désigner les écrits relatant les conditions d'un contrat par le mot *lex* était constante à Rome (2) et si une preuve en était nécessaire, elle nous serait fournie par la « *lex Puteolana parieti faciundo* ». Ce document, malgré son nom de loi, n'était autre chose qu'un écrit destiné à déterminer les obligations de l'adjudicataire du travail en question. Zimmermann (3) a déjà vu clairement ce point et a nié l'existence d'une loi appelée « *prædiatoria* ». Il a justement fait remarquer que ces mots de la loi de Malaca : « *si lege prædiatoria emptorem non inveniet* (4) » n'auraient aucun sens, si, dans ce passage, l'expression « *lex prædiatoria* » désignait autre chose que l'ensemble des conditions mêmes d'après lesquelles la vente était faite.

Ce point établi, voyons maintenant en quoi consistaient ces conditions. Il n'est pas douteux à notre sens

---

(1) M. Studemund a établi cette nouvelle leçon lors de ses révisions de 1878 et 1884. Cette correction se trouve consignée dans la 5ᵉ éditions de la *Jurispr. antéjust.* de Huschke (1886) et a été accueillie par M. Girard, dans ses textes de droit romain.

(2) Comp. l'expression *lex commissoria*.

(3) *Loc. citat.*, p. 46.

(4) Mal. Rubr. LXIV.

que la République , restée impayée, ne cherchât par la vente des *prædes* à rentrer dans le montant intégral de ce qui lui était dû. En conséquence, la mise à prix devait être égale au montant de sa créance (1). Comme les *prædia subsignata* ne pouvaient jamais être soustraits à l'exécution, les aliénations que le *præs* pouvait en avoir consenties étant nulles, il est à croire que, presque toujours, ce prix ne devait pas paraître exagéré aux *prædiatores*, et que cette vente devait réussir.

Une question que l'on peut rapprocher de celle-ci, est celle de savoir quand le *prædiator* devait payer son prix d'acquisition. On a voulu arguer de ces mots de la loi de Malaca : « *et dum ita legem dicant ut pecuniam in foro Flavi Malacitani referatur, luatur, solvatur* » (2) pour dire que le prix devait être payé comptant. C'est là certainement une erreur. En effet, nous lisons dans la Rubrique LXV de cette même loi que le *prædiator* fournissait des *prædes*, pris habituellement parmi ses associés (*prædes socii*). S'il fournissait des *prædes*, c'était évidemment pour assurer le payement de son prix d'acquisition et parce que ce prix n'était pas payé sur le champ. Il résulte de cela que la République, pour vendre les *prædes*, procédait de la même façon que dans tous les cas où elle traitait avec des particuliers et que l'acquéreur était vis-à-vis d'elle, dans la situation d'un *manceps* ordinaire.

Nous en aurions fini avec la vente *lege prædiatoria*, si nous n'avions à revenir sur un point que nous n'avons

(1) En ce sens, Rivier, *loc. citat.*, § 38.
(2) Mal. Rubr. LXIV, *in fine*.

fait qu'indiquer et dont nous avons réservé l'examen pour plus tard. En nous occupant de la *causa Juniana*, nous avons été amené à citer ce passage de Cicéron, où il est dit que toujours, dans la pratique, une situation avantageuse était faite aux *prædes* pour leur permettre d'éviter les effets désastreux de l'exécution. Il nous reste à dire maintenant en quoi consistait cette situation avantageuse. Sur ce point, il est vrai, on ne peut faire que des hypothèses. Cependant, l'on peut admettre avec infiniment de vraisemblance, que ce privilège, auquel Cicéron fait allusion, se réduisait à ceci : Les *prædes*, malgré le retard qu'ils avaient apporté à l'exécution, conservaient, jusqu'à l'heure où les enchères allaient s'ouvrir devant le magistrat, la faculté d'éviter la vente de leur patrimoine en payant à l'*ærarium* le montant de la mise à prix portée au cahier des charges, c'est-à-dire le montant intégral de la dette. Ce n'est à la vérité qu'une supposition, mais si naturelle qu'elle s'impose à tous (1).

(1) En ce sens Rivier, *loc. citat.*, § 38. MM. Mommsen et Gradenwitz, dans la nouvelle édition qu'ils publient des *fontes* de Bruns ont donné de l'inscription, C. I. L., 14357, n° 3471 (p. 313) une explication qui tendrait à faire admettre l'existence d'un autre tempérament apporté par la République à la vente des *prædia subsignata*, tout au moins dans le cas où le *manceps* était absent. Ce texte est ainsi conçu : A. *Furius Rufus, quod in eum transscriptum est a C. Cæsio Basso, apsente debitore nominibus duobus subsignatis prædiis solvit.*

Pour les savants éditeurs, C. Cæsius Bassus est un *manceps* et A. Furius est le propriétaire des *prædia subsignata* pour garantir la dette de Bassus ; ce dernier étant absent lors de l'échéance, la République eût pu vendre les *prædia* de Furius ; mais au lieu de cela elle aurait simplement, à l'aide d'un contrat *litteris*, fait passer la dette

4° Qu'était la vente *in vacuum* et en quoi différait-elle de la précédente?

Si la vente « *lege prædiatoria* » ne réussissait pas, si le patrimoine du *præs* restait sans acquéreur, parce que personne n'estimait qu'il eût une valeur égale au prix demandé par la République, il y avait lieu de procéder à une seconde vente appelée « *in vacuum* ». C'est ce que nous apprend la loi de Malaca : *si lege prædiatoria emptorem non inveniet, quam legem in vacuum vendendis dicere oporteret* (1).

Nous avons déjà eu l'occasion de montrer que cette vente ne différait nullement dans ses effets de la vente « *lege prædiatoria* » et qu'elle conférait aux « *prædiatores* » des droits absolument identiques. C'était, en somme, purement et simplement une vente sur baisse de mise à prix.

---

de Bassus sur la tête de Furius, soit par délégation du premier, conformément à ce qui se passait, selon Gaius, 3, 130, dans le cas de *transcriptio a persona in personam*, soit sans délégation et par le seul fait de la transcription opérée par elle. Nous voyons à cette explication plusieurs impossibilités. D'abord, si Furius Rufus était propriétaire des *prædia subsignata* à l'occasion de la dette de Cæsius Bassus, il était *præs*, le *præs* seul pouvant *subsignare prædia*, ainsi que nous l'avons vu ; or en sa qualité de *præs*, il était déjà tenu personnellement de la dette, et l'on ne voit pas l'utilité d'une *transcriptio* destinée à le revêtir d'une qualité qu'il avait déjà. Enfin et surtout, Furius Rufus, en s'engageant comme *præs* et par le fait de la *subsignatio* de ses *prædia*, avait libéré le *manceps*, Cæsius Bassus, d'après ce que nous avons admis plus haut avec Mommsen lui-même. Le *manceps* cessant d'être débiteur par l'engagement de ses *prædes*, nous croyons qu'il est impossible de parler d'une *transcriptio a persona in personam* opérée par la République relativement à une dette éteinte et inexistante.

(1) Mal., Rubrique LXIV.

5° Quels étaient les droits de l'acquéreur après la vente ?

Pour ceux qui voient dans la vente des *prædes* une cession, par la République, de son droit d'exécution contre ses débiteurs, cette question présente les plus hautes difficultés. Zimmermann (1) déclare ne pouvoir faire sur ce point que des conjectures et pense que le *prædiator* acquérait sur les biens du *præs* une sorte de propriété fiduciaire ; que, pendant un certain délai, le *præs* était admis à payer à l'acquéreur le montant de sa dette et qu'en cas de payement, l'acquéreur devait lui restituer son patrimoine ; qu'enfin, si ce délai s'écoulait sans payement, le *prædiator* était autorisé à procéder à une *bonorum venditio*. Ces conjectures, entièrement dénuées de fondement, ont été aussi admises par Rivier. Elles sont la suite d'un point de départ erroné et montrent dans quel embarras leur opinion sur la nature de la vente des *prædes* a placé ces auteurs.

Pour nous, ce point est tout simple. Le *prædiator* était successeur universel du *præs* ; il devenait propriétaire de tous ses biens et se trouvait revêtu activement et passivement de tous ses droits et de toutes ses obligations. Cela résulte, à nos yeux, avec la dernière évidence de la Rubrique LXV de la loi de Malaca que nous avons déjà longuement étudiée (2).

(1) *Loc. citat.*, p. 49.

(2) Zimmermann (*loc. citat.*, p. 50) qui ne pouvait passer ce texte absolument sous silence, reconnaît qu'il est embarrassant pour sa théorie. C'est pour l'expliquer, sans bouleverser son système, qu'il a été amené à formuler cette étrange hypothèse du *prædiator* ayant un

Le *prædiator*, disons-nous, était « *loco herede* » du *præs* ; mais il était aussi ayant cause de la République. C'est en cette dernière qualité que lui compétait le droit de reprendre, en quelques mains qu'ils se trouvassent, les *prædia subsignata* aliénés par le *præs* au mépris de la défense qui lui en était faite. Ces aliénations nulles et inexistantes en face de la République l'étaient aussi nécessairement en face des *prædiatores*.

Il existe à nos yeux une corrélation intime entre cette revendication, par le *prædiator*, des *prædia subsignata* aux mains des tiers qui pouvaient les détenir et *l'usureceptio prædiatura*, dont Gaius nous a conservé le souvenir en ces termes :

Item, si rem obligatam sibi populus vendiderit eamque dominus possederit, concessa est ususreceptio ; sed hoc casu prædium bienno usurecipitur. Et hoc est quod vulgo dicitur ex prædiatura possessionem usurecipi (1).

L'on a beaucoup discuté sur la nature et la raison d'être de cette institution, et, c'est en partie le désir de lui donner une explication plausible qui a poussé Zimmermann et Rivier à supposer, qu'après la vente du *præs*, les biens de celui-ci devenaient la propriété fiduciaire du *prædiator*. Si cela était vrai, cette usureception ne serait qu'un cas particulier de *l'usureceptio fiduciæ causa*. Mais nous croyons avoir démontré que le *prædiator* n'était point propriétaire fiduciaire, mais bien pro-

droit de fiducie sur les biens du *præs*, hypothèse qui cadre d'ailleurs assez mal avec l'ensemble de son opinion.

(1) Gaius, II, § 61.

priétaire définitif et incommutable des biens du *præs*. Dès lors, il est nécessaire de trouver à l'institution qui nous occupe une autre raison d'être. Il serait très étrange et très contraire aux principes qu'elle eut pour but de protéger le *præs* exécuté contre l'acquéreur de son patrimoine. Une telle *usureceptio* ne se rencontrait point dans la *bonorum emptio*, qui, pourtant présentait dans son ensemble les plus grandes analogies avec la vente du *præs*. Il faut donc admettre que cette institution se rattachait à une particularité qui se rencontrait seulement dans la *venditio prædiorum* et non dans la *bonorum venditio*. Quelle pouvait être cette particularité ? Celle-ci, croyons-nous, que les *prædia subsignata*, par suite des aliénations nulles que le *præs* pouvait en avoir consenties sans en avoir le droit, étaient susceptibles de se trouver, lors de l'exécution, entre les mains de tiers. Ce sont ces tiers qu'on a voulu protéger contre les *prædiatores*. Ceux-ci pouvaient bien sans doute revendiquer en tous lieux les *prædia*, mais on voulait les forcer à agir promptement ; s'ils laissaient passer deux ans sans intenter leur action, les tiers, malgré leur mauvaise foi, devenaient propriétaires irrévocables. Il était, en effet, d'intérêt général que la propriété de ces biens ne restât pas trop longtemps incertaine.

Cette supposition se trouve confirmée par un indice tiré de Gaius lui-même. Il résulte, en effet, du passage que nous avons cité que l'*usureceptio* s'accomplissait toujours ici, par le délai de deux ans, jamais par celui d'un an. Or, on sait que, si l'usucapion des immeubles se faisait par deux ans, celle des meubles s'accomplissait, au contraire, par un délai d'un an. Si le premier de ces délais était seul applicable en notre matière, c'est que l'*usureceptio prædiatura* devait toujours porter sur un immeuble et jamais sur un meuble. Notre institution aurait-elle eu pour but de protéger le *præs* lui-même, on ne voit pas du tout pourquoi on ne l'aurait pas autorisé à usucaper ses meubles aussi bien que ses immeubles. Si au contraire, c'était, avant tout, les acquéreurs de *prædia subsignata* qu'il s'agissait de protéger, cette particularité du délai de deux ans, toujours exigé ici, s'explique à merveille, puisque ces tiers ne pouvaient jamais être en possession d'autre chose que d'immeubles.

Concluerons-nous de ce qui précède que le *præs*, resté en possession de ses *prædia subsignata*, n'était pas lui-même admis à se prévaloir de l'inaction du *prædiator* pour les usucaper? Nous n'irons point jusque là. Nous ne doutons point que cette *usureceptio* n'ait été organisée originairement en faveur des tiers détenteurs, mais il est fort possible qu'elle ait reçu une extension et en soit arrivée à profiter au *præs*, aussi bien qu'aux acquéreurs de *prædia subsignata*. Sur ce point, nous ne savons rien, l'expression « *dominus* », dont se sert Gaius pour désigner celui qui pouvait invoquer l'*usureceptio* pouvant aussi bien s'appliquer seulement aux tiers possesseurs, qu'en même temps aux tiers possesseurs et au *præs*.

6° Quelle était, après l'exécution, la situation du *manceps* vis-à-vis du *præs*?

On se souvient de ce que nous avons dit, dans le premier chapitre de ce travail, sur les rapports du *præs* et du *manceps*, à l'époque où l'exécution portait sur la personne. Dans ce temps où le *præs* était vendu « *trans Tiberim* » aucun recours n'était possible de sa part contre le *manceps*. Sur ce point, il n'est pas douteux qu'un changement complet ne se soit opéré, en même temps que l'exécution perdit son caractère pénal, pour prendre plutôt un caractère pécuniaire. L'on ne doit pas hésiter à admettre qu'à l'époque classique un recours était possible, de la part du *præs* vendu, contre son *manceps*. Alors, en effet, presque toujours, du moins pour les grandes entreprises de travaux publics, pour les locations d'impôts, en un mot, dans tous les cas les plus importants où il y avait lieu de fournir des *prædes*, un contrat de société existait entre ceux-ci et le *manceps*. Cela résulte de nombreux textes que nous avons eu déjà l'occasion de citer. Dans ces hypothèses, il est évident que le *præs* pouvait, par l'action *pro socio*, recourir contre son *manceps*. Dans les hypothèses où une telle société n'existait pas, l'action en recours qu'avait le *præs* était l'action *mandati*, s'il s'était engagé sur le mandat du *manceps*, ou une action *negotiorum gestorum*, si son intervention présentait les caractères exigés par la gestion d'affaire.

CHAPITRE III

DISPARITION DE LA CAUTION PRÆDIBUS PRÆDIISQUE

L'on a pu voir, par le tableau que nous venons de tracer de la caution *prædibus prædiisque* dans sa forme définitive, combien cette institution s'était modifiée et combien elle différait de ce qu'elle avait été à l'origine. Le droit d'exécution sur la personne avait depuis longtemps disparu et, avec lui, certains effets accessoires qui avaient rendu la situation du *præs* si périlleuse. L'on ne saurait pourtant contester que la caution gardait encore, dans son ensemble, un caractère archaïque très prononcé et contrastait singulièrement avec toutes les autres institutions de la période classique. C'est que, malgré ses rajeunissements et ses retouches, elle était, au temps d'Antonin ou de Marc-Aurèle, restée, dans son essence, ce qu'elle était au temps de la loi des XII Tables, c'est-à-dire une obligation publique. Depuis de longs siècles déjà, les autres obligations publiques, le *nexum*, à leur tête, étaient tombées en désuétude, alors que notre institution subsistait toujours. Il y avait à cette survivance, qui paraît étrange, une raison puissante : l'impossibilité pour les Romains de comprendre que l'État pût avoir un juge et la nécessité pour la République d'agir contre ses débiteurs sans intervention d'aucun pouvoir, par voie d'exécution parée. Quand l'on commença à distinguer de l'État souverain, qui légifère et qui commande, l'État, personne privée, qui contracte et qui plaide, ce jour là, notre institution fut atteinte dans sa base.

Cette notion de l'État, personne privée, il est douteux que les Romains l'aient jamais envisagée et comprise d'une façon théorique. Mais les faits, qui toujours précèdent et commandent les théories, se passèrent de telle sorte que cette idée arriva du moins à se faire jour dans la pratique. Voici dans quelles circonstances : Les premiers empereurs n'apparurent point aux Romains comme incarnant en eux l'autorité et la majesté suprême de la Cité, mais comme des hommes revêtus par le peuple de la plus grande partie des magistratures de la République. Il résulta de là que le patrimoine des empereurs, le fisc, était administré comme celui de toute personne privée et que l'intervention du magistrat et du juge était nécessaire pour la poursuite de ses créances. Ce patrimoine, en réalité, et dès le temps d'Auguste, s'alimentait des revenus publics et servait à assurer le fonctionnement de services publics. Mais, en droit, il fut toujours considéré comme la propriété d'un particulier.

Par la suite, le fisc eut beau se développer et absorber peu à peu en lui la plus grande part des revenus de l'*ærarium*, il n'en garda pas moins son ancien caractère. La seule particularité qu'entraîna son développement énorme, ce fut la création, par Nerva, d'un magistrat spécialement destiné à juger les différents du fisc et des particuliers. Cette progression continuant toujours, il arriva, au temps de Constantin et de Dioclétien, que l'*ærarium* disparut complètement et qu'il n'y eut plus qu'une seule caisse pour l'Etat, le fisc.

Dès lors, les *prædes* disparurent. Ils n'avaient plus leur raison d'être. Maintenant, le fisc, qui pouvait plaider, pouvait aussi avoir recours aux garanties ordinaires du droit civil et c'est ainsi que l'hypothèque et la fidéjussion jouèrent vis-à-vis de lui le rôle que notre caution avait si longtemps joué vis-à-vis de l'*ærarium*. Dès lors, elle tomba dans un profond oubli et son nom même ne se retrouve pas une seule fois dans la compilation de Justinien.

DROIT FRANÇAIS

DU GAGE IMMOBILIER

DANS LE TRÈS ANCIEN DROIT FRANÇAIS

SOURCES

Lex Salica. — Edition Pardessus (1843).

Lex Wisigothorum. — Dans Walter, *Corpus juris germanici,* I.

Lex Alamanorum. — Editée par Merkel, dans les *Monum. German. Leges,* III.

Edictus Langobardorum. — Edité par Bluhme dans les *Monum. German. Leges,* IV.

De Rozière. — *Recueil général des formules usitées dans l'empire des Francs.*

Cartulaire de l'abbaye de S. Victor de Marseille. — Edition Guérard. Paris, 2 vol., dans *Documents inédits.*

Cartulaire de l'abbaye de Redon. — Edition A. de Courson. Paris, 1863, 1 vol.

Beaumanoir, *Les coutumes du Beauvoisis.* — Edition Beugnot, 1842.

Cartulaire de l'abbaye de Cluny, dans *Collection des Documents inédits.*

Jean Bouteiller, *La Somme rurale.* — Edition Charondas le Caron, 1611.

Les Olim ou Registres des arrêts rendus par la Cour du roi. — Edition Beugnot, 1839.

Le conseil de Pierre de Fontaines. — Edition Marnier, 1846.

Ancienne coutume de Champagne et de Brie. — Dans Bourdot de Richebourg, *Nouveau coutumier général*, III.

Raisons et Articles de St-Dizier. — Edition Beugnot, 1839.

Anciens usages d'Artois, dans Klimrath, *Travaux sur l'histoire du droit français*, recueillis et mis en ordre et précédés d'une préface, par Warnkœnig, 1843.

Coustumes et stilles gardez en duchié de Bourgoigne. — Edition Giraud, dans son *Essai sur l'histoire du droit français au moyen-âge*, II.

Les coustumes d'Anjou et du Maine selon les rubriches du Code. — Edition Beautemps-Beaupré, dans *Coutumes et institutions de l'Anjou et du Maine antérieures au XVIᵉ siècle*, 1877.

Cartulaire de Notre-Dame de Chartres. — Edition Lépinois et Merlet, Chartres, 1865, 3 vol.

Li livres de Jostice et de Plet. — Edition Rapetti, 1850 (dans la *Collection des Documents inédits*).

Les Assises de Jérusalem. — Edition Beugnot, 1841-1843.

dans des limites raisonnables. Il n'avait jamais, bien entendu, la faculté d'user du gage d'une manière abusive, ni de le détériorer, ni de l'aliéner. C'est ce que nous apprend la loi des Wisigoths :

Si quis pignus acceptum distulerit reddere vel in usus proprios atque in alienos conferendum præsumpserit attemptare..... pignus quidem quod accepit integrum reddat et medietatem quantum pignus valere constiterit, domino pignoris coactus impendat (1).

Si la condition à laquelle était attachée la restitution de la chose ne se produisait pas, si, en d'autres termes et pour nous placer dans l'hypothèse la plus ordinaire, le débiteur n'exécutait pas son obligation en temps utile, le gage, avons-nous dit, devenait la propriété du créancier. Si nous revenons sur ce point, c'est pour faire remarquer que cette acquisition, ainsi qu'il résulte des textes cités, se produisait de plein droit et en dehors de toute formalité judiciaire ou autre. C'est là un des caractères les plus intéressants de l'institution que nous étudions et un de ceux qui la sépare le plus profondément du gage romain.

Le débiteur exécutait-il au contraire son obligation, le créancier était tenu de lui restituer immédiatement le gage. S'il ne le faisait pas, il devait, d'après la loi des Lombards, payer une peine qui allait en croissant en même temps que le retard apporté à l'exécution ; voici comment cette loi s'exprime à ce sujet :

---

(1) *Lex Wisigoth.*, V, 6, 4.

Et si ille qui eam wadiam acceperit eam reddere neglexerit per fidejussorem (1), *et apud eum remanserit, sic componat quomodo ille qui wadiam suam recipere neglexerit* (2).

Remarquons qu'il résulte du passage déjà cité de la loi des Wisigoths (3) que le créancier était tenu des risques et que, si le gage avait péri en tout ou en partie, il devait payer au débiteur sa valeur ou une indemnité proportionnelle au dommage.

La constitution d'un gage, qui, comme nous l'avons vu, exigeait la remise de la chose aux mains du créancier, n'était, d'autre part, astreinte à aucune forme spéciale et ne nécessitait nullement la présence d'un juge, d'un magistrat quelconque ou de témoins.

On a soutenu le contraire (4) en se basant sur le passage suivant de la loi des Lombards :

Si quis admodum (admodo) in presentia regis vel judicio

---

(1) Ces expressions « *per fidejussorem* » sont un rappel à une particularité remarquable et bien connue du gage lombard, qui se trouvait toujours ou presque toujours en rapport avec l'établissement d'une sûreté personnelle. Le débiteur qui promettait de donner caution dans un certain délai commençait par déposer un gage aux mains de son créancier. Quand, plus tard, le fidéjusseur était effectivement engagé, le gage se trouvait libéré et le créancier était tenu de le restituer immédiatement au débiteur. Comme en dehors de cette particularité, le gage des Lombards suivait les règles ordinaires du gage germanique, l'on est autorisé à utiliser les renseignements qui nous sont fournis par les lois de ce peuple dans une théorie générale du gage de l'époque franque.

(2) *Edict. Rothar.*, 250 a.

(3) V, 6, 4.

(4) Notamment Eichhorn, dans *St. und Recht. Geschichte*, I, § 61.

seu liberorum hominum qualecumque modo wadia dede-rit (1).

Mais il est préférable d'admettre avec Meibom (2) qu'il n'y avait dans cette solennité qu'un moyen de preuve et non un élément essentiel à la validité du contrat. Cela résulte, à nos yeux, de ce fait qu'il est question, dans la procédure germanique, d'un serment par lequel une des parties jurait *quod in tali tenore wadia non dedisset* (3), serment dont l'existence eut été impossible, si le gage avait toujours dû être constitué devant le Tribunal ou devant témoins.

Tels sont les renseignements les plus caractéristiques que nous donnent les lois barbares sur la nature et les effets du gage mobilier. Il était d'autant plus nécessaire de les résumer ici, que l'existence du gage immobilier de l'époque franque ne nous est révélée que par les formulaires et les cartulaires de ce temps. Il serait souvent difficile de dégager une théorie de ces modèles d'actes ou de ces actes concrets, si nous n'avions pour guide les règles que nous venons d'exposer et qui, presque toutes, trouvent leur application dans l'engagement des immeubles, formé par la pratique sur le modèle offert par l'antique gage des meubles.

Voyons d'abord à quelle époque l'engagement immobilier commença à s'introduire dans les mœurs germa-

---

(1) *Rachis*, 5.
(2) *Loc. cit.*, p. 249.
(3) Walter, *Corp. jur. germ.* ; formule sous le paragraphe premier du *Rachis* (t. 1er, p. 826).

niques. On peut dire que cette institution est de bien peu postérieure à l'établissement des Francs en Gaule. Ce fut en effet par suite de leur conquête, que se développa chez eux l'idée de la propriété foncière individuelle ; et, quand cette idée s'est fait jour dans un peuple, on peut être assuré qu'un moyen de crédit basé sur la terre ne tarde pas à s'organiser.

Et en effet, nous trouvons des modèles de contrats relatifs à l'engagement immobilier dans les plus anciens formulaires de la période franque, dans ceux même qui sont presque contemporains de la loi Salique.

Déjà les *formulæ andegavenses,* collectionnés peut-être en 514 ou 515 ou plus vraisemblablement dans les premières années du VIIe siècle, en contiennent un exemple :

Et in pignore tibi condicionis demitto tibi pro ipso inter annus tantus vinia, etc. (1).

D'autres exemples nous sont fournis par les *formulæ turonenses* qui datent aussi des temps mérovingiens :

Et ego pro hujus merito beneficii obpignoro vobis locellum rem proprietatis meæ, etc. (2).

Les formules de Marculf, postérieures d'un siècle et demi environ contiennent aussi des formules de gage immobilier :

Propterea obpingero tibi vinea proprietatis meæ, etc. (3).

(1) De Rozière, *Recueil général des formules usitées dans l'empire des Francs,* I, n° 375 (*Andeg.,* 22).
(2) De Rozière, *ibid.,* n° 376 (*Sirm.,* 13).
(3) De Rozière, *ibid.,* n° 374 (Marculf, 50).

Ces formules n'ayant été évidemment rédigées que pour répondre à un besoin de la pratique, il nous est acquis que, dès le commencement des temps mérovingiens, le gage immobilier est entré dans les mœurs. Examinons maintenant sa nature et ses effets.

On peut dire hardiment que c'est seulement par un point qu'il se sépare du gage mobilier et cette différence, à notre sens, ne touche en rien aux principes et ne constitue en somme qu'une différence extérieure. Nous avons dit, en effet, que le gage mobilier constituait une clause pénale et que sa perte pour le débiteur laissait survivre l'obligation à côté de laquelle il était placé. Or, en thèse générale, et malgré l'existence d'exceptions dont nous avons donné plus haut un exemple, on peut dire qu'il n'en est pas ainsi pour le gage immobilier. Et cette différence doit venir uniquement de ce fait que la terre a une valeur bien plus grande qu'un objet mobilier. On conçoit à merveille qu'un débiteur, à cause du retard qu'il pouvait apporter à exécuter son obligation, consentit, à titre de peine, à perdre une pièce de bétail ou un esclave ; on ne comprendrait pas, au contraire, qu'il put s'engager à perdre sa terre tout en restant tenu de sa dette. Aussi modifia-t-on généralement au sujet des immeubles l'ancienne pratique : L'on décida que l'acquisition de l'immeuble par le créancier, au cas de non-exécution, au lieu de constituer une peine accessoire s'ajoutant à l'obligation subsistante, constituerait pour lui une indemnité représentative et du préjudice que lui causait le retard et de la valeur de sa créance elle-même. En d'autres termes et plus simplement, le débiteur qui avait donné un gage mobilier et qui n'exécutait pas, perdait son gage et restait tenu ; celui au contraire qui avait donné un gage immobilier et qui n'exécutait pas, perdait son gage, mais était libéré. C'est là, certes, une différence intéressante, mais qui, nous le répétons, tient uniquement à l'inégale valeur que présentait le gage dans l'une ou dans l'autre des hypothèses. Si l'on va au fond des choses, en effet, le gage immobilier lui-même se présente toujours sous une forme voisine de celle du pari : si je paye, je reprendrai mon bien : si je ne paye pas, mon créancier en deviendra propriétaire.

Pour le surplus les règles du gage mobilier s'appliquent à l'institution nouvelle.

Pas plus que son devancier, le gage immobilier n'avait besoin d'une forme spéciale pour être constitué. En fait, il était toujours ou presque toujours constaté par écrit ; mais il n'exigeait aucune solennité. La preuve en est dans toutes les formules et dans tous les actes de l'époque franque, où il n'est nulle part parlé de la présence de témoins ni de celle du juge.

Pas plus que le gage des meubles, il ne pouvait exister sans tradition de la chose aux mains du créancier. Toutes les expressions dont se servent les actes de l'époque démontrent ce fait. Citons à titre d'exemple la façon dont s'exprime, sur la nécessité d'une tradition, un acte d'engagement du début du IXe siècle, tiré du Cartulaire de l'abbaye de Redon :

Et ita pignoravit M. (l'emprunteur) *terram supra dic-*
tam in manu R. (le prêteur) (1).

Le créancier, on le voit, devait avoir à la chose « *in*
manu », la détenir matériellement. Avait-il de plus le
droit d'en jouir et d'en percevoir les fruits, sans que ces
fruits d'ailleurs vinssent en compensation de sa créance (2) ? On se souvient de ce que nous avons dit à ce
sujet pour le gage mobilier. Nous avons constaté que
le droit de jouissance n'était point de l'essence du contrat, mais qu'en fait ce droit devait être souvent accordé
au créancier. Ceci est encore beaucoup plus vrai pour
la terre donnée en gage. Dans tous les actes concrets
que nous possédons, on ne voit pas un seul cas où le
droit de jouir n'existe pas au profit du créancier, et il
était difficile qu'il en fut autrement. Le créancier détenant matériellement la chose, était en situation d'empêcher le débiteur de cultiver sa terre ; et ce dernier,
hors d'état de jouir, avait plutôt avantage à autoriser
le créancier à exercer ce droit, dans l'intérêt même de
l'entretien et de la conservation de son immeuble. Cependant la chose n'allait pas encore de soi, du moins
au début de la période franque ; car nous voyons que,
dans les formules de ce temps, le droit de percevoir les
fruits était toujours concédé expressément au créancier,
comme, par exemple, dans cette formule tirée du recueil de Marculf :

(1) Cartulaire de l'abbaye de Redon, no 34.
(2) Cette conception de fruits perçus par le créancier en déduction
de ce qui lui est dû est en effet étrangère au droit franc. Elle ne se
manifeste que bien plus tard, sous l'influence du droit canonique.

Propterea, obpingero tibi vinea mea…. (ita ut) usque annos tantos fructum quem ibidem Deus dederit ad parte tua.. habere debeas et per temet ipsum ipsa vinea condirgere facias, etc. (1).

Cette faculté, pour le créancier, de percevoir les fruits du gage devint tellement usuelle, que dès les temps carolingiens, elle n'eut plus besoin d'être concédée expressément, et se trouva toujours sous-entendue. C'est ainsi que les nombreux actes concrets de cette époque, notamment ceux qui nous ont été conservés dans le Cartulaire de l'abbaye de Redon, ne prennent plus la peine d'insérer une clause relative au droit de jouissance. On peut donc dire que, dès l'époque franque, le droit de percevoir les fruits du bien engagé est devenu partie naturelle de l'opération, et il est utile de noter ce point dont l'intérêt apparaîtra plus clairement quand nous nous occuperons du gage de l'époque féodale.

La fin du contrat est ici absolument identique à celle du gage mobilier.

Le débiteur remplissait-il son obligation, il rentrait immédiatement en possession de sa terre. Négligeait-il au contraire de se libérer en temps utile, la terre devenait de plein droit, en vertu d'une sorte de *lex commissoria* qui pouvait être tacite, la propriété du créancier gagiste. Des modifications de détail pouvaient être apportées à ce principe. C'est ainsi que nous lisons dans une formule tirée du formulaire de Tours une clause qui

______

(1) De Rozière, I, n° 374.

rappelle la disposition du droit lombard sur le dégagement de la chose après les délais d'exécution :

Et si negligens aut tardens exende apparuero, suprascriptum debitum tuum in duplum partibus tuis non redditurus... (1).

C'était là une clause fréquente que si le débiteur ne payait pas à l'échéance, il aurait un nouveau délai pour dégager sa terre, mais que, pendant ce délai, il devrait pour opérer le dégagement, payer le double du montant de sa dette originaire. Mais dans cette hypothèse, comme dans toutes les autres, la fin dernière du rapport juridique était, au cas d'inexécution, la perte *ipso jure* de la propriété du gage, pour le débiteur. Si en effet celui-ci, dans le délai qui lui était imparti, ne payait pas le double de sa dette, le gage devenait définitivement la propriété du créancier :

Et si..... necglegens inde apparuero prædictas res usque ad alios jam dictos annos tenere et usurpare faciatis et ego ad decem expletos annos prædictum debitum in duplum reddam. Quod si hoc facere noluero, tunc ipsas res quod in caucione dedi, jure proprietario in vestra faciatis revocare potestate vel dominatione perpetuali ad possidendi vel ad faciendi exinde in omnibus quidquid volueris (2).

C'est cette acquisition *ipso jure* par le créancier de la propriété du gage au cas d'inexécution, qui constitue une des parties essentielles du contrat et qui donne au gage germanique sa physionomie propre. Un autre trait

(1) De Rozière, I, n° 376.
(2) De Rozière, I, n° 377.

non moins curieux et qui se dégage bien du texte cité, c'est que le créancier, s'il restait impayé à l'échéance, n'avait pas le droit de poursuivre son débiteur, d'exiger le payement de ce qui lui était dû, en offrant de restituer l'immeuble. Il n'avait qu'un droit, retenir le gage, et le posséder en qualité de propriétaire. Le remboursement des deniers constituait plutôt une faculté pour le débiteur qu'une véritable obligation. Cela résulte de ces mots de notre formule : *quod si hoc facere noluero*, etc. S'il ne veut pas payer, personne ne saurait l'y contraindre. Il ne faudrait pas, à la vérité, généraliser par trop, et il ne nous est pas prouvé que les choses se passassent toujours ainsi. Il est néanmoins permis de croire que souvent les parties comprenaient l'opération en ce sens. Sans cela en effet, nous ne rencontrerions pas une pareille formule dans un recueil qui contenait évidemment les modèles des actes les plus fréquemment usités dans la pratique.

On voit d'après ces caractères si particuliers, que nous sommes bien en présence d'une création spontanée de la civilisation franque et non d'une imitation romaine. La nécessité d'une détention matérielle par le créancier, la faculté, pour celui-ci, de percevoir les fruits de la chose engagée, la *lex commissoria* faisant partie de l'essence même du contrat, sont autant de traits qui lui sont propres et le séparent profondément du *pignus* romain. Néanmoins, les auteurs des formulaires de l'époque mérovingienne, dont la plupart étaient des clercs, pour qui le droit romain n'était pas inconnu, lui ont donné, dans sa forme extérieure, quelque chose qui le rapproche de la conception que nous avons maintenant du gage. Ils le représentent, en effet, comme un contrat accessoire venant se greffer sur un contrat principal. Ils parlent d'abord d'un prêt effectué par le créancier au débiteur et ensuite, ils disent qu'à raison de ce prêt, et pour en assurer le remboursement, le débiteur donne sa terre en gage (1). Il est certain que cette manière de présenter la chose n'est pas conforme à l'esprit de notre institution et est le produit de la culture relative des rédacteurs des formules franques. La preuve en est dans ce fait que, quelque temps plus tard, pendant la période carlovingienne, cette conception passagère et artificielle est tombée dans l'oubli et que les actes de cette époque présentent déjà l'opération sur une tout autre forme. Cette forme, qui s'est maintenue et même accentuée pendant tout le cours du moyen âge, s'éloigne singulièrement de nos idées purement romaines sur le gage. A partir du IX\ :sup:` e` siècle en effet, le gage n'est plus présenté comme un contrat accessoire se greffant sur un prêt, mais bien comme une opération synallagmatique, se rapprochant d'une vente et qu'on peut ramener à cette formule : A donne à B une certaine somme ; en échange B remet à A un immeuble dont ce dernier aura la jouissance. L'opération ne se distingue de la vente que par sa solution : B, au lieu de garder définitivement la somme qu'il a reçue de A, devra la lui rembourser après

---

(1) Voir sur ce point les exemples de formules cités plus haut.

un certain délai, et A devra alors restituer l'immeuble. Faute par B d'effectuer son remboursement, le gage deviendra la propriété incommutable du détenteur gagiste.

C'est ce qui ressort notamment de nombreux actes conservés dans le Cartulaire de l'abbaye de Redon dont voici deux des plus caractéristiques :

Acte de 826, n° 35......... *Et ita pignoravit M. terram suam supradictam in manu R. super solidos XX et XII modicos de siclo, usque ad caput aliorum VII annorum et si tunc non poterit redemi, iterum maneat terram (sic) alioquin si tunc si poterit, redimat suam terram et iterum, si tunc non poterit simili modo fiat ipsa terra ipsa (sic) in manus R., usque ad capud (sic) aliorum trium VII annorum et tunc si non poterit M. reddere suos solidos ad R., permaneat ipsam terram (sic) supra dictam ad R. et cui voluerit post se in alode et comparato, stabilis et incommutabilis, sine fine in decombito, sine renda ulla et sine opere vel censu ulli homini sub cœlo......*

Acte de 814, n° 135. *Hæc carta indicat atque conservat quod dedit Judunallonus XX solidos argenti ad Jarncon pro parte terre suæ.......* Trois délais de sept ans sont accordés pour le remboursement...... *et hæc vinditio firma et stabilis permaneat ad Judunallon et ad conjugem suam et ad filium suum et cui voluerint post se, si non potuerunt Jarncon vel semen ejus redimere supradictam terram ad caput trium VII annorum, etc......*

Ce dernier acte mérite particulièrement d'arrêter notre attention. Constate-t-il la constitution d'un gage ou bien d'une vente à réméré? Il serait oiseux de discuter sur ce point. Nous croyons qu'en réalité les deux opérations, à l'époque où nous nous plaçons, ne peuvent être distinguées l'une de l'autre et qu'elles offrent les mêmes caractères et produisent les mêmes effets. Veut-on appeler l'opération décrite dans le dernier acte cité vente à réméré, nous n'y voyons pas un grand inconvénient. Mais qu'on nous dise alors l'intérêt de cette terminologie et en quoi l'acte de 814 diffère de celui de 826, expressément qualifié de gage. Juridiquement et économiquement, il y a identité entre les deux espèces.

Résumons-nous et rappelons en quelques mots les conclusions auxquelles nous sommes arrivé sur le gage immobilier de l'époque franque : ce contrat se présente sous la forme d'une opération synallagmatique, dans laquelle une des parties reçoit une somme d'argent, l'autre, une terre. Le créancier qui détient cette terre a le droit d'en jouir et en fait les fruits siens. La solution naturelle du contrat consiste dans le remboursement des deniers au créancier gagiste, qui est alors tenu de restituer immédiatement le bien qu'il a reçu. A défaut de remboursement, le créancier devient immédiatement et de plein droit propriétaire de la terre engagée, et il est probable que, dans la plupart des cas, il devait se contenter de cette sorte de *datio in solutum* et ne pouvait réclamer ses deniers en offrant de restituer le bien.

C'est cette institution qui est la source commune d'où

découlent l'*engagement* français, l'*ältere Satzung* de l'Allemagne et le gage immobilier anglais. Ce sont de ces diverses transformations d'une même institution primitive que nous allons maintenant avoir à nous occuper.

DEUXIÈME PARTIE

L'ENGAGEMENT IMMOBILIER FRANÇAIS AU MOYEN AGE

CHAPITRE PREMIER

LE GAGE IMMOBILIER ET LE RÉGIME FÉODAL.

Le travail lent et obscur par lequel s'est organisée la féodalité constitue l'événement le plus considérable de la fin des temps carolingiens et du commencement de l'époque capétienne. Nous n'avons point à rechercher ici sous l'empire de quelles circonstances et de quelles causes s'étendit sur toute l'Europe occidentale ce singulier régime, produit combiné des institutions de la décadence romaine, des mœurs des anciens germains et des nécessités d'une époque où le pouvoir central, se trouvant annihilé, était incapable d'assurer à l'individu une protection efficace. Qu'il nous suffise de rappeler le rôle immense que joua cette institution pendant le moyen âge, où il n'existe rien qui lui soit resté étranger. Elle a donné son empreinte à toute l'organisation politique, religieuse et civile de ce temps ; tout découle d'elle ou a été transformé par elle. Il n'est donc pas étonnant qu'elle ait apporté de profondes modifications dans l'institution qui nous occupe.

C'est de trois façons différentes que le gage immobilier a été influencé par la féodalité.

En premier lieu, le fief étant inaliénable et presque toutes les terres étant inféodées, il ne put désormais être question d'un gage entraînant pour le débiteur la perte éventuelle de la propriété et constituant par conséquent une sorte d'aliénation. Le gage, au lieu de toucher à la propriété de la terre, ne toucha plus qu'à la jouissance ; il cessa d'atteindre le tréfonds pour ne porter que sur les fruits.

En second lieu, toute modification dans la situation juridique du fief devant être approuvée par le seigneur, la constitution d'un gage cessa d'être un simple accord entre les parties et exigea pour sa validité la coopération du suzerain : c'est de là que découle la théorie de la *saisine d'engagement*.

Enfin, sous l'influence directe des idées féodales, se forma toute une classe d'immeubles incorporels, création fictive de la loi, destinée à soumettre au régime du fief une foule de droits importants, tels que les dîmes, les rentes, les justices, etc... Le gage immobilier acquit par suite de cette théorie une extension nouvelle, car il put porter non seulement sur les immeubles véritables mais aussi sur les immeubles fictifs.

Ce sont ces trois points que nous allons maintenant examiner et qui feront l'objet de trois paragraphes distincts.

I. — Le gage d'usage.

Nous avons vu à quelle époque relativement récente l'aliénabilité de la terre s'introduisit dans les coutumes franques. Cette aliénabilité, conséquence naturelle de l'individualisation de la propriété foncière, après s'être affirmée pendant quelques siècles disparut de nouveau sous l'influence de la féodalité. La terre cesse alors en effet d'être libre aux mains de ses possesseurs. Le vassal qui la détient l'a reçue de son suzerain, et c'est à lui, à lui personnellement ou tout au plus à lui et aux « *hoirs de son corps* » qu'elle a été concédée. Un lien personnel puissant unit le vassal à son suzerain. Il lui doit d'importants services, il lui doit surtout la fidélité, et la cause directe, la raison d'être de ce lien, c'est précisément la possession du fief. Si le vassal avait pu se dépouiller de son fief, le transmettre à un tiers, il eut été libéré de ses devoirs, et ce tiers eut été chargé de les remplir à son tour. L'on comprend le dommage qui en serait résulté pour le suzerain ; celui-ci avait concédé sa terre pour s'assurer la fidélité et le concours d'un homme capable de le servir efficacement ; il ne fallait point qu'il fût exposé à voir tomber sa terre entre les mains d'une femme ou d'un vieillard, dont il n'eut pu exiger les services auxquels il avait droit.

Ce caractère personnel du lien féodal alla toujours, il est vrai, en se relâchant et avec lui aussi le principe de l'intransmissibilité du fief. Cependant, il en subsista toujours quelque chose. Au temps de Beaumanoir encore, le vassal ne peut vendre son fief que pour « *sa grant nécessité* (1) ». Plus tard, quand cela même eut disparu, le droit de relief et le retrait seigneurial restèrent encore comme témoins de l'idée primitive.

En présence de l'inaliénabilité absolue du fief au début de l'époque féodale, le gage germanique dont le pacte commissoire était une partie essentielle, devint impossible et, si la pratique n'avait pas su le modifier, pour l'approprier aux circonstances nouvelles, le vassal n'aurait pas pu trouver dans son fief un moyen de crédit. Cette forme nouvelle de l'engagement constitue ce qu'on peut appeler le gage d'usage. Au lieu d'engager la propriété du fief, on engagea sa jouissance. Le droit d'user de la chose et d'en percevoir les fruits était déjà, comme nous l'avons vu, essentiel dans les derniers temps de l'époque franque. Il devint alors le droit unique du créancier : ce ne fut plus dans la chose même, mais seulement dans ses fruits qu'il trouva sa garantie ; garantie efficace et suffisante, car, s'il n'est pas payé à l'échéance, il continuera à jouir de l'immeuble et à le détenir matériellement. Cette détention du fief par un tiers, si longtemps qu'elle se prolongeât, n'offrait pas pour le suzerain les inconvénients d'une aliénation : car le vassal, pour être privé de son droit de jouissance, n'en restait pas moins propriétaire du fief et n'en continuait pas moins à être tenu de tous ses devoirs de fidélité et de toutes ses obligations féodales.

(1) Beaumanoir, XXXV, 20.

Cette forme nouvelle du gage date nécessairement des premiers jours de la féodalité et les cartulaires nous en ont conservé des cas fort anciens. Un des plus anciens, croyons-nous, est fourni par le Cartulaire de l'abbaye de Cluny et date de la seconde moitié du X° siècle. L'acte où il est relaté s'exprime ainsi :

Domino fratribus Mayoli abbati cum ceteribus fratribus Cluniensis, ego, in Dei nomen, Aynardo presbitero, incaucionavimus vobis vinea mea (indications des tenants et aboutissants).... *Infra istas terminaciones ad annos V pro una libera de argenti ; quod si pretium istud infra V annos non fuerit vobis persolutum a me, tandiu tenebitis vineam, donec ex integro persolvatur vobis perfixa quantitas argenti,* etc. (1).

On voit par où se sépare l'opération ici décrite de celles dont nous nous sommes occupé à propos du gage germanique. Maintenant, plus de déchéance du droit de propriété pour le débiteur, plus de *lex commissoria*. Si le créancier demeure impayé, il n'en devient pas pour cela propriétaire du gage ; il continue seulement à le détenir et à en percevoir les fruits, jusqu'au jour où le débiteur se libère.

Mais à part cette différence, d'ailleurs essentielle, l'opération se présente bien toujours sous la même forme. Nous sommes toujours en présence d'un contrat synallagmatique consistant dans la remise d'une somme d'argent d'une part, et l'acquisition d'un usufruit d'autre

____

(1) Cartulaire de l'abbaye de Cluny, n° 908.

part. La preuve que l'opération était bien comprise en ce sens par les parties, c'est l'expression dont elles se servent pour parler du remboursement des deniers : *quod si pretium istud non fuerit persolutum*. Quand le débiteur rend ce qu'il a reçu, on voit là moins un remboursement véritable que le payement d'un prix donné pour reprendre la jouissance de la chose engagée.

Ce gage d'usage dut exister quelque temps concurremment avec l'ancien gage de propriété. Mais celui-ci ne tarda pas à disparaître, et après le XIe siècle, on n'en trouve plus de traces chez nous. Nous avons expliqué comment dans l'immense majorité des cas, il était devenu impossible, presque toutes les terres étant, dès cette époque, inféodées. Il en était d'autres, il est vrai assez nombreuses encore au sud de la Loire, plus rares au nord de ce fleuve (1) qui étaient restées libres et indépendantes de la hiérarchie féodale, les alleux. Pour ces alleux, l'ancien gage franc aurait pu se maintenir ; en réalité, il ne se maintint pas, et la raison doit en être cherchée dans un phénomène économique qui est de tous les temps et de tous les pays et qu'on peut formuler ainsi : quand, dans la grande majorité des cas, il existe une raison qui force le créancier à se contenter d'une condition moins avantageuse, il arrive que le débiteur obtient cette condition favorable pour lui, même dans les cas où l'obstacle habituel ne se rencontre pas. C'est ce qui s'est produit ici : les créanciers presque toujours

______

(1) La règle « nulle terre sans seigneur » ne s'était pas encore fait jour à cette époque.

obligés d'accepter un fief en gage, par conséquent de se contenter d'un gage de jouissance, s'habituèrent à cette forme de garantie et n'en exigèrent pas une plus étendue, dans les cas exceptionnels où ils traitaient avec un propriétaire d'alleu.

C'est cette règle économique qui peut servir aussi à expliquer en partie pourquoi, au XIIIe siècle, quand le fief fût devenu généralement aliénable, on ne songea pas à faire revivre le gage ancien, avec pacte commissoire, tombé en désuétude depuis plus de deux siècles. *Cessante causa, durat effectus*, peut-on dire en renversant l'axiome connu, souvent plus vrai sous cette forme, du moins dans le domaine de l'histoire, que sous celle qu'on lui donne habituellement.

Le gage de propriété ne se rencontre donc plus dans le droit français du moyen âge et est inconnu aux jurisconsultes de ce temps. Mais il faut bien s'entendre sur ce que nous voulons dire par là ; nous voulons parler uniquement du gage d'origine germanique, tel que nous l'avons étudié. Nous n'ignorons pas que le moyen âge a connu aussi un gage dans lequel la propriété était en jeu. C'est ainsi que nous lisons dans Boutellier :

Quand aucun baille gaige soit d'héritage ou de biens meubles par condition que si de dans certain jour il n'est racheté que celluy à qui obligé est sen puisse mettre en saisine et le faire vendre : sachez que convenablement ne se peut mettre en possession de la chose ne faire vendre, si par auctorité de loy ne le fait (1).

----

(1) Boutellier, Titre CII, 3.

De même l'on trouve dans les Assises de Jérusalem un passage ainsi conçu :

Se un home prent une maison en guage d'un autre..... por XX, C, M besans jusque à un terme nommé par devant la cort ou par devant le vesconte et deus jurés et il estait dedens la maison que il tient de celuy au qui il presta les besans desus por I denier de luier jusqu'au terme et puis quant vient au terme il (le débiteur) *ne le veut paier ou il n'a de quei, celuy qui presta les besans deit venir à la cort et dire le au vesconte ou as jurés....* Le tribunal ordonne que trois sommations seront faites au débiteur. Alors le demandeur « *deit avoir la maison, se celuy ne la rechate qui la mist en guage* » (1).

Ces textes ne contredisent nullement notre affirmation, car il est facile de voir que le gage dont ils parlent n'a pas le moindre lien de parenté avec l'engagement germanique. Nous sommes ici en présence d'une importation nouvelle, d'un gage construit à l'imitation du droit romain. Dans ce gage, en effet, la détention matérielle et le droit de jouissance ne sont qu'un accident et le résultat d'une clause accessoire : dans l'hypothèse de Boutellier, en effet, aucun de ces droits ne compète au créancier ; dans l'hypothèse des Assises de Jérusalem, ils sont, non la suite naturelle du gage, mais celle d'une convention de louage qui y est ajoutée (2). Cette indifférence sur le point de savoir si le créancier est ou non en pos-

____

(1) Assises de Jérusalem, cour des Bourgeois, ch. 32.

(2) Il importe peu, pour l'exactitude de notre thèse, que le prix du loyer soit simplement fictif.

session du gage, est déjà un trait de ressemblance bien
marqué avec le droit romain. Mais ce qui est plus pro-
bant encore, c'est la nature du droit qui compète au
créancier resté impayé : il doit s'adresser à justice pour
se voir autorisé à vendre la chose et à s'en appliquer le
prix, ou bien à la garder à titre de *datio in solutum*. Nous
sommes bien loin de cette clause commissoire du droit
franc opérant de plein droit, et il n'est pas permis de
douter que nous ne soyons ici en présence d'une opération d'origine toute différente, qui n'a pu s'implanter en
France qu'après que les juristes y eurent mis en hon-
neur les principes du droit romain.

Si nous insistons sur ce point qui paraît évident, c'est
parce que Franken (1) semble admettre une parenté entre le gage de Boutellier et des Assises de Jérusalem,
d'une part, et l'engagement anglais dont nous nous occuperons plus loin et qui, lui, est bien le produit direct du
gage germanique, d'autre part. Pour nous, il est certain
qu'il n'y a pas le moindre rapprochement à faire entre
les deux choses, et que, si les textes cités plus haut sont
intéressants pour un travail sur l'hypothèque du moyen
âge, ils n'ont rien à voir dans une étude se rapportant
à l'engagement germanique et à ses descendants français.

Une autre objection à notre manière de voir pourrait
être tirée de l'existence au moyen âge de l'opération
connue sous le nom de *contrat pignoratif* ou vente à ré-

____

(1) *Das französische Pfandrecht*, p. 172.

méré. Nous avons vu en effet que, pendant la période franque, les deux opérations se confondaient en réalité et n'en formaient qu'une ; l'on pourrait donc dire que la vente à réméré au moyen âge n'est que la continuation du gage avec pacte commissoire du droit germanique. Si l'on se place au point de vue purement économique, cette opinion peut bien avoir du vrai, mais au point de vue juridique, elle est certainement inexacte. La vente à réméré se présente en effet au moyen âge comme un contrat spécial, ayant ses règles et ses effets propres, comme quelque chose de tout à fait distinct de l'engament. Ce qui ne veut pas dire qu'en fait, il ne fut souvent difficile de distinguer ce qu'avaient voulu les parties : un arrêt du Parlement de Paris de 1301 (1) s'efforce précisément de résoudre une difficulté de ce genre. Mais cela même prouve qu'il y avait intérêt à distinguer entre les deux choses.

Revenons donc au gage d'usage, le seul dont nous ayons à parler ici, parce qu'il est le seul, dans notre droit du moyen âge, qui soit d'origine germanique.

Un trait bien caractéristique de ce gage, c'est qu'en lui, se retrouve, encore accentué, ce caractère synallagmatique que nous avons déjà relevé dans le gage de propriété. La preuve en est dans Beaumanoir, pour lequel, en somme, l'engagement n'est autre chose que la constitution à titre onéreux d'un droit d'usufruit.

Pour bien comprendre comment le grand juriscon-

____

(1) *Regist. des Olim.* (an 1301, III, 1), p. 107.

sulte du XIII⁰ siècle en est arrivé à cette conception, il est nécessaire de dire dès maintenant quelques mots de l'influence du droit canonique sur notre institution, influence sur laquelle nous aurons à revenir longuement dans le chapitre suivant. Nous avons vu comment était constitué le gage d'usage au début de l'époque féodale, d'après l'acte du Cartulaire de Cluny que nous avons cité plus haut. L'opération se ramenait exactement à ceci : une partie recevait une somme d'argent, l'autre recevait la jouissance d'un bien et cette jouissance se prolongeait tant que le propriétaire du bien ne remboursait pas intégralement ce qu'il avait reçu. Les fruits de la chose, perçus par le créancier ne diminuaient en rien le montant de sa créance, et servaient en quelque sorte d'intérêts au capital qu'il avait avancé. Or, le droit canonique, on le sait, prohiba de bonne heure le prêt à intérêt. Logiquement, il devait aussi repousser cette opération. C'est ce qui arriva en effet et chez nous, les prescriptions canoniques eurent en cette matière une si grande influence sur la coutume que le gage défendu par l'Eglise et désigné sous le nom de mort gage (1) disparut presque complètement, malgré une assez longue résistance et sauf pour certaines hypothèses exceptionnelles dont nous aurons à parler plus loin. Il fut remplacé, d'une façon générale, par ce qu'on appela le vif gage, c'est-à-dire par

---

(1) Ce nom vient, selon les auteurs du moyen âge, de ce que le gage était mort pour le débiteur, puisqu'il n'en jouissait plus et que les fruits perçus par le créancier ne diminuaient en rien le montant de sa dette.

un gage dans lequel les fruits perçus par le créancier diminuaient sa créance et l'éteignaient peu à peu. C'est cette opération que toujours Beaumanoir a en vue (1) et qu'il désigne sous le nom d'*engagement* ou d'*enwagement* (2). Etant donné que, dans cet engagement, les fruits perçus par le créancier étaient non plus la représentation des intérêts, mais venaient en compensation du capital, il arrivait forcément un moment où le montant des fruits perçus était égal au montant de la créance primitive. A ce moment, cette créance se trouvait éteinte et le créancier devait restituer l'immeuble sans que le débiteur eut rien à lui rembourser. L'on comprend maintenant comment l'engagement se ramenait purement et simplement à une constitution d'usufruit à titre onéreux. De nombreux passages montrent que telle était bien la conception de Beaumanoir. Pour lui en effet, engager un héritage ou en « *vendre les despuelles* », c'est-à-dire les revenus, pour un temps déterminé, ne font qu'une seule et même chose. C'est ainsi qu'on lit dans ce passage :

Pierre offrit son héritage à vendre à Jean et Jean dist qu'il ne l'aceteroit pas à l'héritage, mais il en ACETEROIT LES DESPUELLES *pour six ans et courut marcié des dites despuelles et en fu mis Jean en saisine* COMME D'ENGAGEMENT *par le seigneur de qui li héritages mouvait* (3)

---

(1) Il ne parle qu'une seule fois du mort gage et pour dire qu'il est défendu (Chap. LXVIII, 11).

(2) Ce mot *enwagement* est une de ces formes de transition entre *wadium* et *gage*, qui sont particulièrement usitées et fréquentes dans le dialecte picard.

(3) Beaum., XLIV,52.

Ce qu'il y a de particulièrement intéressant à noter dans ce texte, c'est qu'il nous montre l'engagement fait pour un délai rigoureusement déterminé. Théoriquement, les fruits perçus devaient être égaux au capital avancé pour que la restitution de l'immeuble put être exigée ; et cette perception présentait un caractère aléatoire qui ne permettait pas de dire *a priori* que tant d'années de revenus de la terre engagée correspondaient absolument au montant de la dette. Mais pour éviter d'inextricables difficultés de preuve, les parties avaient coutume de faire une sorte de forfait et décidaient que chaque année, une certaine quote-part de la dette, un tiers, un quart, etc., « *serait levée* » (1). Ce qui revient à dire que la jouissance de l'immeuble pendant un an serait toujours tenue pour égale à une quote-part déterminée de la dette et qu'ainsi, au bout d'un certain nombre d'années fixé à l'avance, la jouissance du créancier prendrait fin.

Beaumanoir n'est pas le seul à considérer le contrat d'engagement comme une vente temporaire des revenus de l'immeuble. Pour l'ancienne coutume de Champagne, donner un bien en gage, c'est en « *vendre les issues* (2) » ; dans la coutume de St-Dizier et dans les coutumes d'Artois, l'opération porte le nom de « *vente du poil* » (3), ce qui n'est probablement qu'une corruption pour *vente des despuelles*.

(1) C'est l'expression dont se sert Beaumanoir, XLIV, 52, *in fine*.
(2) *Ancienne coutume de Champagne*, chap. 4.
(3) *Coutumes de St-Dizier*, art. 164. — *Coutumes d'Artois*, dans Klimrath, II, p. 378.

Il faut reconnaître cependant que toutes les sources du moyen âge n'assimilent pas la constitution d'un gage à une vente des revenus, par opposition à une vente du tréfonds. Quelques-unes (1) considèrent l'engagement comme une vente à temps. Mais, en réalité, nous ne sommes pas là en présence d'une conception différente, mais simplement d'une terminologie moins heureuse. Car, au fond, l'opération décrite par ces sources est encore une constitution d'usufruit. Elles reconnaissent en effet que, même pendant le délai de jouissance, le débiteur ou vendeur, comme on voudra l'appeler, ne cesse pas d'être propriétaire ; qu'il ne cesse pas notamment, s'il est vassal, d'être tenu de ses devoirs féodaux envers son suzerain.

Cette conception, qui est bien celle du XIIIe siècle, se retrouve encore dans les auteurs du XIVe, mais sous une forme plus romaine. C'est ainsi que Boutellier, abandonnant les anciennes expressions de « *vente du poil* » ou de « *vente des despuelles* », les remplace par l'expression plus savante de *vente d'usufruit* :

Usufructaire, dit-il, *si est celuy qui a en main par gaige, par achat, par don ou autrement aucune tenue et possession que il peut prendre et parcevoir à vie ou à certain temps les usufruis de sa tenure qu'il tient ainsi* (2).

De même les coutumes du Maine et d'Anjou du XIVe

______

(1) Notamment la coutume de Bourgogne pour laquelle un engagement est une vente à trois, quatre, etc., ans. Voyez *Coustumes et stilles gardez ou duchié de Bourgoingne*, art. 33 ; dans Giraud, *Essais sur le droit français au moyen âge*, t. II.

(2) Boutellier, f° 24. Comp. aussi Boutellier, f° 105, v°

siècle, très imprégnées de droit romain, du moins pour ce qui est de la forme, appellent engager un héritage, *en vendre les fruiz* (1).

Un autre indice de cette manière de voir nous est aussi fourni par Ragueau, relativement à l'explication qu'il donne de l'ancien mot *tresfoncer* : « *Tresfoncer*, dit-il, *était autrefois en usage dans le pays de Messin et il signifioit changer les gagières, les morts gages et les engagements en acquisitions pures et simples. Ce qui se pratiquait quand celui qui ne tenoit la chose qu'en gagière vouloit en devenir propriétaire* (2).

Pour revenir au XIIIe siècle et à Beaumanoir en particulier, l'on comprendra maintenant comment cet auteur a été amené à assimiler l'engagement à un bail, si l'on se rappelle qu'au moyen âge tout bail conférait un droit réel. De là, la rubrique du chapitre XXXVIII des coutumes du Beauvoisis : « *Des cozes baillées par loier ou à ferme et des enwagements* ». Les deux choses en effet présentaient les plus grandes affinités et différaient plutôt dans l'esprit des contractants que dans la réalité objective.

Qu'on se trouve en présence de l'engagement de Beaumanoir, du vif gage dans lequel lé délai de jouissance ne se trouve pas rigoureusement fixé à l'avance, ou du mort gage qui, comme nous l'avons dit, subsista dans certains cas déterminés, l'opération se ramène toujours

______

(1) *Les coutumes d'Anjou et du Maine selon les rubriches du Code*, Tit. XIX, 632 ; dans Beautemps-Beaupré, t. I.
(2) Ragueau, t. II, p. 427.

à une constitution d'usufruit à titre onéreux. Toute la différence entre le mort gage et le vif gage consiste en ceci : dans le second cas, c'est le capital avancé par le gagiste qui constitue, en quelque sorte, le prix de l'usufruit ; dans le premier, au contraire, ce sont les intérêts du capital qui jouent ce rôle : ici, en effet, l'abandon de la jouissance est une dation en payement des intérêts qu'aurait eu à verser le débiteur, non une dation en payement du capital reçu par lui.

Donc, dans toutes les hypothèses, la situation des parties est la même, tant que se prolonge la jouissance du créancier gagiste ; c'est seulement quand l'on veut déterminer comment le rapport juridique prend fin qu'il importe de distinguer.

Est-on en présence d'un vif gage consenti pour un nombre déterminé d'années, d'un engagement au sens de Beaumanoir, la jouissance du créancier prend fin après le délai convenu ; à cette date, le gagiste est tenu de restituer l'immeuble engagé au débiteur, quand bien même, en réalité, le montant des fruits perçus par lui ne serait pas égal au montant de sa créance. C'est le résultat du forfait convenu entre les parties. On peut dire que dans cette hypothèse, de beaucoup la plus fréquente, le créancier, à l'instant où il reçoit son gage, cesse d'être créancier pour devenir usufruitier. Il n'a alors, en effet, aucune action pour la restitution du capital qu'il a avancé.

S'agit-il au contraire d'un mort gage, la solution de l'opération sera tout autre. Les fruits ne venant pas en compensation de la dette, le débiteur, pour reprendre son bien devra, au terme convenu, restituer intégralement le capital qu'il a reçu. S'il ne le fait pas, l'engagiste continue sa jouissance jusqu'à parfait payement. C'est ce que nous avons vu pour le contrat de mort gage tiré du Cartulaire de l'abbaye de Cluny et cité plus haut. C'est ce qui nous est encore confirmé par Boutellier :

Obligation de mort gage, nous dit-il, *si est obliger un heritaige et mettre en main d'aucun pour le tenir tant et si longuement que celluy à qui l'héritage doit appartenir par droict l'aura rachetté d'une certaine somme en deniers que on hypothèque et assiet sus* (1) *pour tenir jouyr et posséder le dicte héritage par celluy à qui il est ainsi ordonné, tant et si longuement, sans défalquer ne rabatre tous les fruictz et émolumentz que on en perçoit et lieve et peult on les prendre et tenir jusques à ce qu'on l'aura rachetée de toute la somme qui ainsi sera sus assignée* (2).

Dans la première hypothèse, on le voit, le débiteur reprenait son bien sans rien débourser, dans la seconde au contraire en remboursant tout ce qu'il avait reçu.

Mais la manière dont finissait le mort gage ne se présentait pas toujours sous une forme aussi simple et aussi tranchée que celle que nous avons décrite.

---

(1) Le texte de Boutellier est curieux en ce sens qu'il nous montre une combinaison de l'ancien gage germanique avec l'hypothèque romaine. Les parties convenaient souvent que les effets de cette dernière s'ajouteraient à ceux de l'engagement. Mais ce serait une erreur de croire qu'il en fut toujours ainsi. Il n'y avait là qu'une clause accidentelle et non un élément essentiel ni même naturel du contrat.

(2) Boutellier, titre LXXVIII, *De mort gaige.*

Il se pouvait que le délai de jouissance, au lieu d'être fixé dans l'intérêt des deux parties, le fut seulement dans celui du débiteur. Ce dernier pouvait alors reprendre son bien avant l'expiration du délai, mais à condition de débourser quelque chose. Supposons par exemple, qu'il eut engagé son bien pour dix ans, avec faculté de le dégager plus tôt. Voulait-il le dégager au bout d'un an, de deux ans......, il le pouvait en payant les 9/10, 8/10... du capital qu'il avait reçu, puisque chaque année de jouissance du créancier éteignait la dette pour 1/10. Souvent la convention réglait limitativement les époques où le débiteur pouvait, avant le délai final, reprendre son immeuble. Nous lisons notamment dans un contrat d'engagement conservé dans le Cartulaire de Notre-Dame de Chartres (1) que le rachat ne pouvait avoir lieu que de mars en mars. Et la coutume de Bourgogne nous éclaire complètement sur la nature et la portée de cette clause :

Selonc un us de Bourgogne se tu dis : je te met cest gagière et le raienbrai en mars : se tu ne le raiens en mars, que un souls jour en soit passez, tu ne le puet raiembre jusques en l'autre mars, se il (le créancier) *veut* (2).

Il est à remarquer, que dans ce cas, comme dans l'engagement de Beaumanoir, le créancier n'avait en réalité d'autres droits que ceux d'un usufruitier, puisque le remboursement avant le terme ne constituait qu'une simple faculté pour le débiteur.

____

(1) Acte de 1227, Cart. de Chartres, n° 265.
(2) *Cout. de Bourgogne* (Ed. Marnier), *cap.* IX.

D'autres fois au contraire, celui qui tenait en vif gage avait une action pour la restitution du capital. C'est ce qui arrivait, quand aucun délai n'avait été stipulé ; dans ce cas, l'engagiste pouvait immédiatement agir en restitution ; il obtenait alors le montant intégral de la somme qu'il avait avancée ; s'il n'agissait que plus tard, il devait déduire de sa demande le montant des fruits qu'il avait perçus. Il pouvait enfin ne pas agir du tout et continuer sa jouissance jusqu'à ce que les fruits de l'immeuble eussent amorti complètement sa créance. Ici, on le voit, le créancier avait le droit de se comporter comme usufruitier ou comme créancier, ou de combiner l'exercice de ces deux droits. Dans une espèce voisine de celle-ci, un délai minimum de jouissance était fixé entre les parties, dans l'intérêt seul du créancier, mais sans qu'il fut dans l'intention des parties que ce délai de jouissance eut pour effet d'amortir complètement la dette. Pendant ce délai, le débiteur ne pouvait se libérer ; après son expiration, le débiteur acquérait le droit de dégager son bien, en remboursant ce qu'il avait reçu, déduction faite des fruits déjà perçus par le créancier.

D'autres combinaisons étaient encore possibles, sur lesquelles il est sans intérêt d'insister. Quel que fût le détail des clauses accessoires, le gage d'usage, dans ces hypothèses et autres analogues, se ramenait à une convention synallagmatique, par laquelle une partie recevait une somme d'argent, à charge de procurer à l'autre l'usufruit d'un immeuble.

Mais il n'en n'était pas toujours ainsi, et il existait des

cas d'engagement qui s'éloignaient beaucoup du type le plus ordinaire, dont nous avons parlé jusqu'ici.

Un de ces cas qu'on peut appeler anormaux, c'est celui où l'engagement, au lieu d'être l'œuvre libre de la volonté des parties, au lieu de constituer une sorte de vente, constituait une dation en payement imposée au créancier pour une dette antérieure. Ceci se produisait notamment, quand un mineur héritait d'une succession grevée de dettes. Dans cette hypothèse, le créancier, au lieu de poursuivre le payement de son dû, était parfois obligé de se contenter d'un engagement constitué à son profit sur les immeubles successoraux, dont les fruits éteignaient ainsi peu à peu sa créance. Le *livre de Jostice et de Plaid* s'exprime en ces termes sur cette hypothèse :

Uns chevalier se meurt qui a terre de fié et a enfanz et doivent tant est la terre si chargée de detes que l'en en puet trover qui vuelle prandre le bau (1). *Si demande l'en comment li sires aura son rachat et li detor lor detes ? Et l'en respont que li sires aura et levera premièrement s'année et enpres la chose sera mise par le conseil du juige au profit des enfanz et à quitier lor detes sauve lor vivres* (2).

Cette *datio in solutum* pouvait aussi être imposée au

___

(1) Il s'agit là du bail des sous-âgés, sorte de tutelle lucrative, dans laquelle, on le sait, le baillistre percevait les fruits des biens du mineur pour son propre compte, à charge de payer les dettes de la succession. On comprend que si ces dettes étaient considérables, personne ne voulait se charger du bail.

(2) *Livre de Jostice et de Plaid,* XII, 6, § 38. — Conf. Boutellier : « *De l'héritage du mineur* », fᵒ 34, vᵒ.

créancier pour d'autres causes. Beaumanoir nous dit en effet :

Cil qui doit la dete n'a point d'héritage fors de fief et cil à qui la dete est deue n'est pas gentixhome qui puist fief tenir et on ne trouve pas gentilhome qui aceter le voille, li souverains doit delivrer au créancier toutes les yssues du fief dusqu'a tant que le letre soit remplie (1).

L'engagement joue donc ici le rôle d'un moyen subsidiaire d'exécution.

Parfois même, l'engagement ne suppose même pas l'existence d'une dette. Tels sont certains cas de mort gage permis, sur lesquels nous reviendrons plus tard et dont parle notamment Boutellier. Qu'il nous suffise maintenant d'indiquer une de ces hypothèses à titre d'exemple : selon les idées du moyen âge, il y a mort gage, quand un père donne certaines terres à ses enfants puinés en déclarant que l'aîné pourra reprendre ces biens à charge de payer à ses frères une certaine somme déterminée. L'engagement, ici, se ramène purement et simplement à la constitution d'une tenure à titre gratuit. Cette tenure diffère de l'usufruit romain en ce qu'elle n'est pas restreinte comme lui à une vie humaine, et du fief, en ce qu'au contraire, elle n'est pas comme lui irrévocable et perpétuelle. Dans un tel contrat en effet, les héritiers du constituant ont indéfiniment la faculté de reprendre la terre en payant une certaine somme à l'engagiste, faculté que n'avait point le suzerain.

Un trait commun à toutes les opérations que nous

(1) Beaumanoir, XXXV, 2.

venons de décrire, et l'un des plus caractéristiques du
gage d'usage, c'est que jamais, dans aucune hypothèse,
ce contrat ne pouvait conduire celui dont le bien était
engagé à la perte de sa propriété ; pas même par voie
de prescription, car, si longtemps que durât la possession de l'engagiste, jamais cette possession ne pouvait
lui faire acquérir la propriété de la chose : c'était un cas
d'application de la règle que nul ne prescrivait contre
son titre. Beaumanoir s'exprime à ce sujet de la façon
suivante :

*La tierce manière d'usage si est de trente ans, car cil
qui poent dire qu'il ont le coze tenue trente ans pesivle-
ment, n'est tenus à alliguier le cause dont ce li vint, ançois li vaut se tenure sans nule autre reson mettre avant,
excepté ce qui est tenu... par engagement. Car se cil qui
demande l'héritage qui a esté tenus trente ans voloit prover contre le tenant... que li heritages ait esté tenu par
engagement, si comme il avient que uns hons engage sa
terre à dix ans ou à douze et quant ces anées sont passées,
il engage à celi meismes : tex tenure ne valent riens contre celi qui veut prover les engagemens* (1).

Résumons d'un mot les points les plus importants de
ce paragraphe :

La féodalité a fait disparaître chez nous le gage de
propriété. Seuls, les revenus de l'immeuble purent désormais être engagés. On considéra ce gage d'usage
comme une vente des fruits, puis comme l'établissement
d'une tenure voisine du bail ou du fief ; on en arriva

______

(1) Beaumanoir, XXIV, 4.

même à ne plus distinguer si cet établissement était fait à titre gratuit ou à titre onéreux. Dans tous les cas, il y eut engagement. Si bien que cette institution, tout en gardant une physionomie juridique spéciale, pût servir aux buts économiques les plus divers, à ceux même qui sont les plus éloignés de l'idée de crédit réel immobilier.

II. — La saisine d'engagement.

Nous avons vu que, pendant la période franque, la constitution du gage, de même que toute autre aliénation totale ou partielle de la terre, n'exigeait l'intervention d'aucune tierce personne. Le gage était alors un contrat réel, parfait dès que les parties étaient d'accord et que l'immeuble avait été remis aux mains du créancier. C'était seulement cette tradition qui rendait le gage opposable aux tiers et lui faisait produire tous ses effets contre eux ; mais elle se faisait en dehors de toute solennité, sans l'intervention de personne, et était l'œuvre des seules parties contractantes.

La féodalité dut nécessairement modifier cet état de chose ; la propriété du fief étant en quelque sorte partagée entre le vassal et le suzerain, il était impossible au premier de consentir un droit réel quelconque sur sa terre, sans la coopération et le concours du second.

Cette coopération, au début des temps féodaux, présenta un caractère extrêmement rigoureux : toute aliénation devait être expressément approuvée par le seigneur. Si le vassal passait un contrat sur son fief sans en demander la permission à son suzerain, non seulement ce contrat était nul, mais une punition sévère venait frapper le délinquant : il y avait dans cette hypothèse *commise féodale*, c'est-à-dire confiscation du fief par le seigneur.

Cette situation qui fut d'abord le droit commun se modifia dans un grand nombre de provinces et devint exceptionnelle. Néanmoins elle se prolongea longtemps en Bourgogne ; dans un recueil coutumier de ce duché appartenant à la fin du XIIIe siècle ou au commencement du XIVe, nous lisons encore :

L'en ne peut vendre simplement la chose de fié sans le consentement du seigneur de fié, car qui le fait, la chose est acquise et commise au seigneur dudit fié (1).

La suite du texte est particulièrement intéressante pour nous en ce qu'elle nous montre qu'au temps où une pareille autorisation était nécessaire pour l'aliénation du fief, elle l'était également pour la constitution d'un engagement, du moins dans la grande majorité des cas :

Toutesvoyes la peut on bien vendre à trois ans sans son consentement, dit en finissant l'article cité.

On pouvait vendre le fief à trois ans sans le consentement du seigneur ; c'était dire que, pour un délai plus long, c'était impossible, et que le concours du suzerain

(1) *Coustumes et stylles gardez ou duchié de Bourgoingne,* art. 33.

à l'acte devenait nécessaire. Or nous savons ce que veut dire cette expression : vendre un fief à tant d'années. Nous avons déjà vu que telle est la terminologie employée par toute une partie des sources du moyen âge pour désigner l'engagement. L'exception apportée par notre texte au principe que l'engagement devait être autorisé par le seigneur provient sans doute de ce que le gage constitué pour un délai très court ne conférait pas de droit réel à l'engagiste. Il devait créer un rapport purement personnel, n'exigeant nullement par conséquent pour sa formation le concours du suzerain.

Dans le pays de Chartres, cette autorisation du seigneur féodal pour tout contrat modifiant la situation réelle du fief paraît aussi s'être maintenue longtemps. Car nous voyons dans un acte d'engagement de 1227, conservé dans le Cartulaire de Chartres, le seigneur du fief intervenir au contrat pour lui donner son approbation (1).

Mais tel n'est plus le droit commun au XIIIe siècle. A cette époque, le concours du seigneur à l'acte même d'aliénation ou de constitution de droit réel, n'est plus nécessaire. Il ne reste qu'une chose du droit féodal primitif, le système de l'ensaisinement, chose fort intéressante, il est vrai, et qui joue un grand rôle au moyen âge.

Avant de traiter de la saisine appliquée spécialement à l'engagement, disons quelques mots de cette institution en général.

(1) Cartul. de Chartres, acte de 1227, n° 265.

Au XIIIe siècle déjà, l'alleu est l'exception ; il n'existe plus d'une façon un peu générale que dans le midi de la France ; dans la plupart des pays coutumiers, il a disparu ; dans les autres, il est fort rare ; partout au nord de la Loire, la présomption de la loi est dirigée contre lui. Là, toutes les terres constituent, au moins jusqu'à preuve contraire, des tenures nobles ou roturières, qui, malgré une grande diversité, se ramènent, en somme, à deux types principaux : le fief et la censive. Le principe pour ces tenures est le suivant : quand leur possesseur en perd la possession ou saisine, c'est au seigneur de la terre que passe cette saisine. C'est donc à lui que les ayants cause du précédent possesseur devront demander l'autorisation de se mettre en possession de la tenure sur laquelle ils ont acquis des droits par vente, donation ou succession (1) Celui qui prend possession d'un bien, directement, et sans y être autorisé par son seigneur, commet un délit dont parle Beaumanoir en ces termes, dans son chapitre « *des meffes* » :

Qui entre en héritage par title de don ou de lais ou d'acat ou d'escange, sans saisine de segneur, il est à soixante sous d'amende, s'il est hons de poeste ; et s'il est gentix hons et il entre en fief par un des titles dessus dis, il est à soixante livres d'amende (2).

___

(1) Il est sans intérêt pour notre travail de rechercher quand ce principe fut battu en brèche en matière de succession et comment s'introduisit dans notre droit la fameuse maxime : « Le mort saisit le vif ».

(2) Beauman., XXX, 38 ; conf., sur la nécessité de l'ensaisinement, Pierre de Fontaines, XIV, 4.

C'est donc au seigneur de la terre que l'acquéreur doit demander la saisine. L'auteur de ce dernier, en cessant d'être propriétaire, est censé, en effet, remettre la saisine aux mains de son seigneur : celui-ci seul peut donc en disposer par la suite. C'est ce que nous explique fort clairement Beaumanoir dans le passage suivant : celui qui veut aliéner sa terre, nous dit-il, *vient devant le seigneur de qui il tient... et il dist: Sire je li ai vendu et m'en tiens por paies. Et li sires... prent le dessaisine du souget et baille la saisine à l'autre* (1).

Et ce serait une erreur de croire qu'il y eût là une simple formalité, une pure complication de forme. Cette procédure était sérieuse et tenait aux bases même du régime féodal. Le seigneur à qui la dessaisine avait été baillée était maîlre de rester saisi et pouvait ne point transmettre son droit à l'acquéreur. C'est ainsi que le *Livre des droiz* nous montre un seigneur « *qui prent la devestizon d'aucunes choses vendues qui meuvent de li* » et qui délibère pendant sept jours « *pour soy adviser s'il en vestira l'achapteur ou retendra la chose pour le pris* (2) ».

Le seigneur, on le voit, avait un choix à faire : il pouvait ensaisiner l'acquéreur ou garder la chose pour lui, en payant à ce dernier le prix de son acquisition. Prenait-il le premier parti, le marché devenait définitif contre lui. Il ne pouvait plus revenir sur sa décision. En d'autres termes, l'acquéreur, une fois qu'il avait reçu

(1) Bauman., LIV, 5 ; conf., *cout. du Chast.*, 83.
(2) *Livre des droiz*, 852.

là saisine ne pouvait plus être inquiété par le retrait seigneurial. En conférant l'ensaisinement, le seigneur renonçait à l'exercice de ce droit :

Bien se gart, nous dit Beaumanoir à ce sujet, *li sires qui veut avoir l'éritage mouvant de li par le bourse, que il retiengne le saisine en se main, quant li venderes en est dessaisis, et qu'il n'en saisisse pas le persone estrange qui l'aceta ; car s'il en avoit baillé le saisine, il ne porroit pas dire après qu'il le peust avoir par le bourse, puisqu'il en aroit saisis l'aceteur comme sires. Donques convient-il quant aucuns sires veut avoir par le borse l'iretage qu'il tiengne le saisine sans autrui saisir* (1).

Cette déchéance du retrait seigneurial est un effet important de la saisine. Mais ce n'est pas le seul. Elle en a un autre d'une portée beaucoup plus générale : elle rend le droit réel résultant du contrat opposable aux tiers. C'est seulement quand l'acquéreur est saisi, qu'il peut, contre tous, se prévaloir de son acquisition. A partir de ce moment, il a l'exercice des actions possessoires, et est en état de repousser toute demande qui, pour contester son droit, ne s'appuie pas sur un moyen pétitoire :

S'aucuns se dessaisist de l'iretage qu'il quide qui soit siens, ou de l'iretage qu'il set bien qui n'est pas siens, par cause de vente, ou de don, ou d'ammosne, ou d'escange, ou d'engagement, et aucun le débat à le dessaisine en disant que cil n'i a droit qui dessaisir se veut, mais à li apar-

______

(1) Beauman., LI, 21.

tient li drois de l'iretage : li sires en tel cas doit tenir le sai-
sine en se main ; et après, avant qu'il en saisisse nului, il
doit connoistre du droit de celi qui debati que le sesine ne
fust pas baillié à autrui hastivement. Et s'il voit que li de-
bateres, qui le débati le débatesist por cause de propriété,
mais bien connoist que cil avoit le saisine qui se dessaisi :
en tel cas li sires doit baillier le saisine à celi por qui le
dessaisine fut fête en autel point comme cil l'avoit qui se
dessaisi ; et après pot li debateres pledier à li sor le proprié-
té. Mais se li debateres dist au segneur : sire de cel herita-
ge dont Pierres se veut dessaisir et dont il voz requiert que
vos saisissiés Jehan, il n'en est pas saisi, ançois en sui je
en saisine ; en tel cas doit li sires tenir le saisine en se main,
dusqu à tant qu'il sace auquel le saisine en apartient (1).

Telle est la théorie générale de la saisine ; examinons
maintenant son application à notre matière. Et d'abord,
constatons que, bien réellement, l'engagiste devait être
ensaisiné par le seigneur. Cela résulte expressément du
texte même que nous venons de citer qui déclare, qu'en
cas d'engagement, le constituant, le débiteur gagiste,
devait se dessaisir aux mains du seigneur. Le grand jurisconsulte qui nous sert constamment de guide dans
cette partie de notre travail a d'ailleurs très bien fait
remarquer que souvent la saisine compétait à celui qui
n'avait aucun droit à invoquer sur la nue propriété de
l'immeuble et qui n'acquérait qu'un de ces droit réels
que nous appelons aujourd'hui accessoires : « *On gai-*

(1) Beauman., LI, 18.

gne souvent saisine, dit-il, *tout soit ce c'on n'ait point de droit el treffons de l'iritage* (1) ». A part cette particularité qui ne modifiait en rien l'essence de la chose, la saisine d'engagement produisait à l'encontre des tiers, au profit de l'engagiste, des effets absolument identiques à ceux qui en résultaient pour un acheteur. On comprend, dès lors, l'intérêt considérable qu'avait l'engagiste à l'obtenir et à quels dangers il était exposé tant qu'il en était encore démuni. Le débiteur, par exemple, venait-il, postérieurement au contrat d'engagement, à vendre le même bien et l'acheteur était-il le premier à se mettre en règle vis-à-vis du seigneur, son droit, bien que le plus récent, devenait le plus fort. Il faisait tomber celui de l'engagiste que la saisine n'était pas encore venue consacrer et régulariser. C'est ce qui fait dire à Beaumanoir, après qu'il a parlé d'un tel cas d'éviction :

Et par cet jugement pot on veir qu'il a plus de peril en penre autrui terre à ferme ou à louage ou à engagement que moult de gens ne pensent. Et quiconques vaurra entrer sainement et sans peril, si face tant qu'il y soit de par le seqneur de qui le terre muet ou autrement il en porra estre ostés s'aucuns y entre par title d'acat et si comme di est (2).

Pour obtenir la saisine qui lui était si nécessaire, l'engagiste devait appeler son débiteur devant le seigneur. Ce dernier ne pouvait en effet la lui conférer, avant que celui qui avait concédé l'engagement ne se fut dessaisi

(1) Beauman., XXXII, 30.
(2) Beauman., XXXIV, 13.

entre ses mains. Cependant, il ne fallait pas que le mauvais vouloir du débiteur paralysât trop longtemps le droit de son créancier : aussi voyons-nous qu'après trois sommations restées infructueuses le débiteur était considéré comme s'étant tacitement dessaisi aux mains du seigneur. Ce dernier pouvait dès lors ensaisiner le créancier gagiste (1).

Maintenant que nous sommes fixés sur l'existence d'une saisine *comme d'engagement,* ainsi que s'expriment les sources, examinons les effets qu'elle produisait au profit de l'engagiste, dans ses rapports avec son débiteur, avec le seigneur de la terre engagée et les parents lignagers du débiteur, avec les autres tiers et en particulier avec un autre engagiste.

I. — En ce qui concerne les rapports de l'engagiste et de son débiteur ou, pour parler d'une façon à la fois plus générale et plus exacte, de celui qui avait consenti l'engagement, on a prétendu qu'ils n'étaient en rien modifiés par la saisine, et que la situation des parties restait identique après comme avant son obtention (2). Si l'on a voulu dire simplement par là que la validité du contrat n'était point subordonnée, *inter partes,* à l'existence de la saisine, cette affirmation est parfaitement exacte : mais elle deviendrait fausse si l'on voulait lui donner un sens plus étendu. Car la saisine, même entre les contractants, produisait un effet important : elle donnait à l'engagiste une action réelle contre le débiteur, au

____

(1) Voy. Beauman., II, 23.
(2) Franken, *Das franzœs. Pfandrecht,* § 7.

cas où ce dernier venait le troubler dans sa possession. Le créancier, alors, n'avait pas besoin de recourir à l'action de son contrat : il pouvait, par une demande de nouvelle dessaisine, faire cesser le trouble apporté à sa jouissance. C'est ce que nous dit Beaumanoir dans le passage suivant :

Cil qui tient autrui terre à ferme ou de grain ou de denier, à certain tans, se li tans est passés et je me remet en me terre il ne se pot pas plaindre de moi de novele dessaizine. Et aussi s'il l'a par reson de gage qu'il ait engagié à anées et les anées sunt hors et je rentre en le coze, il n'a pas action de novele dessaisine vers moi, car male coze seroit se cil qui tient mon heritage à gage ou par raison d'engagement, après son tans passé pooit acquerre saizine contre moi. Mes se je li oste le coze le tans durant de son engagement, il a bien action de nouvele dessaizine contre moi (1).

Un point intéressant qui ressort aussi du commencement de ce texte, c'est que les effets protecteurs de la saisine d'engagement étaient de plein droit limités à la durée même du contrat et qu'après l'expiration du délai de jouissance, la saisine revenait *ipso jure* à celui qui avait consenti le gage. Donc pas besoin n'était, pour que le débiteur reprit la jouissance de son bien, d'une retranslation de saisine à lui faite par l'engagiste, en présence et par l'intermédiaire du seigneur de la terre. Ce qui tend encore à confirmer que tout le temps, et, mal-

____

(1) Beauman., XXXII, 13.

gré la perte temporaire de sa saisine, le débiteur restait propriétaire de la terre engagée.

II. — Les effets de la saisine vis-à-vis du seigneur de la terre et des parents du débiteur ayant le droit d'exercer le retrait lignager, nous paraissent avoir été mal compris par Franken (1). Cet auteur se borne à dire que la saisine protégeait le créancier gagiste contre le retrait seigneurial et contre le retrait lignager. C'est là une affirmation dont l'inexactitude ne saurait être mise en doute. Car, avant de la formuler, il eut fallu démontrer que le contrat d'engagement était susceptible d'être rescindé par l'exercice du retrait. Or il était bien loin d'en être toujours ainsi. C'était seulement dans les hypothèses très exceptionnelles où la durée du contrat n'était pas limitée à un temps déterminé que le retrait était permis, et cela avec juste raison. Cette opération, en effet, par laquelle une personne conférait sur ses biens un droit de jouissance d'une durée illimitée, équivalait, en fait, sinon en droit, à une aliénation véritable. En droit, le constituant gardait bien sur l'immeuble une sorte de nue propriété, de domaine éminent, mais, dans la réalité, tous les avantages de la propriété passaient à l'engagiste et cela, pour un temps indéfini, pour toujours peut-être. Il n'en était pas ainsi au contraire pour un engagement fait à tant d'années ; dans ce cas, le bien devait nécessairement faire retour à la famille. L'intérêt de celle-ci n'était pas lésé par un semblable contrat ; et

____

(1) *Loc citat.,* § 7.

la faculté de retrayer, si elle eut été accordée dans une pareille hypothèse, eût apportée une atteinte trop grande au crédit du propriétaire de la terre. Ces dispositions très conformes à la nature des choses se trouvent relatées en termes exprès dans le texte suivant de la coutume du Maine et d'Anjou :

En tous contraltz de heritaige vendu à grace perpétuelle de rapporter l'argent a retraict aux lignaigiers du vendeur et aux seigneurs du fie et y a ventes. Mais en autre grace de 1..., 8 et 9 ans... n'a point de ventes telles grâces durans (1).

Donc, c'est seulement en cas d'engagement perpétuel qu'il y a faculté de rachat. Ce serait donc seulement pour cette hypothèse que la formule de Franken pourrait être exacte. Il nous sera facile de montrer que, même là, elle n'est vraie qu'en partie. En effet la saisine d'engagement produit des effets bien différents à l'encontre du retrait seigneurial et à l'encontre du retrait lignager. L'exercice seul du retrait seigneurial est empêché par l'ensaisinement de l'engagiste. C'est là une application de la règle générale que nous avons relatée plus haut ; le seigneur qui veut retrayer doit se garder de conférer la saisine à l'acquéreur. S'il le fait, il est impossible de ne pas voir dans cette consécration qu'il donne au contrat, une renonciation tacite, mais très significative, au droit qu'il a de le tenir pour inexistant. Pour cette hy-

______

(1) *Les coustumes d'Anjou et du Maine selon les rubriches du Code,* tit. XIX, 653.

pothèse, Franken a raison, mais pour cette hypothèse seulement.

Les choses se passent tout autrement, en effet, quand il s'agit du retrait lignager. C'est une règle générale et bien connue que l'ensaisinement n'avait point pour effet d'empêcher son exercice, mais que les parents conservaient la faculté de retrayer pendant l'an et jour qui suivaient la date où la saisine avait été obtenue (1). Et le contraire eût été d'ailleurs fort injuste. Comment l'accomplissement d'un acte où ils n'étaient ni parties, ni appelés, pouvait-il devenir une cause de déchéance pour les lignagers ? Il eut été trop facile de rendre leur droit illusoire par un ensaisinement précipité, de rendre ainsi définitive une aliénation dont, peut-être, ils n'avaient pas encore eu connaissance. Aussi est-il certain que les dispositions que nous venons de rappeler étaient aussi vraies pour la saisine d'engagement que pour celle conférée à un acheteur véritable. Ce que Franken eût dû dire, c'est que la saisine avait ici uniquement pour effet de faire courir contre les lignagers le délai dans lequel ils devaient exercer leur retrait, à peine de déchéance.

Dans le cas d'engagement à nombre déterminé d'années, il ne pouvait, nous le répétons, être parlé d'une déchéance résultant de la saisine à l'encontre des personnes susceptibles d'exercer le retrait, par l'excellente raison que personne alors n'avait le droit de retrayer.

____

(1) Voy. Beauman., XLIV, 8.

Dans cette hypothèse même, la saisine, à raison de circonstances postérieures, pouvait, cependant arriver à produire certains effets contre le seigneur de la terre et les parents lignagers. Supposons, en effet, qu'un débiteur engage sa terre à temps à son créancier ; puis, qu'il consente à ce même créancier une vente véritable de l'immeuble engagé. Cette vente, bien entendu, comme toutes les ventes, donne ouverture au retrait seigneurial et au retrait lignager. Supposons qu'un de ces retraits soit exercé. Le seigneur ou le parent qui s'est ainsi rendu propriétaire de l'immeuble, sera-t-il tenu de respecter les années de jouissance qui restent encore à courir au profit de l'engagiste? Dans une pareille hypothèse, il était fort intéressant pour ce dernier de savoir s'il avait ou non la saisine d'engagement. L'avait-il, le retrayant, quel qu'il fût, était tenu de respecter son droit et de le laisser finir son temps de jouissance. Si, au contraire, il ne l'avait pas, le retrayant pouvait dès maintenant entrer en possession du bien et tenir l'engagement pour nul et inexistant.

Ces dispositions étaient très logiques, mais prêtaient à une fraude dont le souvenir nous a été conservé par Beaumanoir, et à laquelle avaient parfois recours le vendeur et l'acheteur pour éviter les effets gênants d'un retrait possible. Au lieu de passer directement un contrat de vente, celui qui voulait aliéner son bien l'engageait d'abord à son futur acheteur pour un grand nombre d'années ; ce dernier se faisait mettre en saisine comme d'engagement et ensuite seulement, les parties concluaient la vente du tréfonds. Il était à prévoir que dans une pareille hypothèse, aucun retrait ne serait exercé, les retrayants ne désirant naturellement pas acquérir un immeuble dont la jouissance ne pouvait leur revenir qu'après l'expiration de l'engagement consenti. Il y avait là un danger véritable pour les lignagers. Aussi en arriva-t-on à admettre que s'ils pouvaient prouver le concert frauduleux des parties pour rendre leur droit illusoire, ils auraient la faculté, en retrayant, d'entrer immédiatement en jouissance. Voici comment Beaumanoir s'exprime sur ce point :

Nos avons oy parler puis d'une malice qui a esté fes por debouter les parens de la rescousse de l'iretage. Car Pierres offri son heritage à vendre à Jehan et Jehans dist qu'il ne l'aceteroit pas à heritage, mais il en aceteroit les despuelles de six ans, et courut marcié des dites despuelles et en fu mis Jehans en saisine comme d'engagement par le segneur de qui li héritages mouvoit ; et après dedens le premier an, ou dedans les deux premiers ans, entre Pierre et Jehan, reparlèrent du marcié du treffons de l'iretage et courut marciés en tele manière que Jehans, qui le tenoit par engagement, l'aceta à heritage et en firent vers le segneur ce qu'ils durent, c'est à savoir des ventes de tant comme li héritages fu vendus. Et après dedens l'an que li treffons fu vendus uns parens Pierre traist avant et offri le borse et Jehans respondi que volentiers repenroit son argent de le vente du trefons, sauves les années qu'il devoit tenir par le reson de l'engagement.... et sur ce se mistrent en droit, à savoir se li aceteres gorroit de ses anées de l'en-

gagement, ou se li rescoueres y enterroit dès maintenant. Li home par qui cis jugement fu rendus se conseillerent grant piece sor ceste coze et resgardirent le peril qui pooit venir as heritiers se Jehans gorroit des anées de son enga- gement ; car tout cil qui malicieusement vorroient debouter les heritiers des rescousses des heritages les engageroient premièrement à six ou à dix ou à douse ou à plus por pe- tit nombre d'argent...... Il fut alors décidé que.... li res- coueres rendera le pris de la vente du treffons et le pris que li engagemens cousta, selonc le tans que li aceteres l'avoit encore à tenir par l'engagement... et entrerait im- médiatement en jouissance (1).

Il était si vrai qu'en principe l'engagement consacré par la saisine était opposable au retrayant, que les ju- ges, comme dit notre vieux jurisconsulte, « *se conseillè- rent grant piece* » sur ce qu'ils avaient à faire. Ce ne fut qu'avec difficulté qu'ils admirent que le retrayant entre- rait immédiatement en jouissance. Il est d'ailleurs à remarquer que, malgré cette décision, la saisine d'en- gagement n'en produit pas moins un effet très impor- tant pour l'engagiste devenu plus tard acheteur. S'il n'avait point été ensaisiné, son engagement eut été non avenu, inexistant à l'encontre des parents lignagers et il eût été dépouillé de l'immeuble sans aucune indemnité. Grâce à cet ensaisinement, au contraire, l'acquéreur évincé devait être remboursé par le retrayant du prix

______

(1) Beauman., XLIV, 52.

intégral du gage, déduction faite du montant des revenus déjà touchés (1).

Pour nous résumer, disons donc qu'en cas d'engagement à temps et sauf le cas de manœuvre frauduleuse, la saisine avait pour effet de rendre le contrat opposable au seigneur de la terre et aux parents lignagers, si, par la suite, l'immeuble engagé devenait, entre les mêmes parties, l'objet d'un contrat donnant ouverture à l'exercice d'un retrait. Nous sommes loin comme on le voit de la formule employée par Franken.

Tel était le droit commun sur la question des rapports de l'engagiste avec les parents lignagers du débiteur. Signalons en finissant une exception aux règles que nous venons de tracer et qui se trouve inscrite dans la très ancienne coutume de Bretagne. Dans ce duché, où les dispositions qui touchaient aux droits des parents avaient une énergie particulière, on admettait l'existence d'un

____

(1) Il est curieux de rapprocher de Beaumanoir un texte du midi de la France, des coutumes de Bergerac (art. 49) qui prévoit absolument la même fraude et donne à ce sujet une solution analogue :

Item si aliquis emat aliquam rem immobilem et separatim emat vel acquirat fructus illius rei ad tempus, quia ex talibus venditionibus et acquisitionibus manifesta fraus videtur inesse et jus turni bursæ tornariis quorum interest defraudatur, ad illam fraudem evitandam si quis infra quartum gradum de linea venditoris talem rem sic venditam tornare voluerit jure turni bursæ, cum vero pretio in instrumento proprietatis contento ad dictum turnum recipiatur. Idem erit et si usufructus vel fructus cuidam extraneo datus seu venditus fuerit et proprietas alii vendita fuerit, aut si permutatio intercesserit, qua res permutatæ pro tempore ad dictum emptorem devolvatur.

Cela prouve que, partout, l'esprit inventif des parties recourait aux mêmes procédés pour éviter le retrait, cette institution si favorable pour la famille, mais si en opposition avec le libre jeu de la volonté individuelle.

retrait lignager, même dans l'hypothèse d'un engagement temporaire (1). Pour apprécier dans une telle législation les effets de la saisine d'engagement contre les
retrayants, il suffit de se reporter à ce que nous avons
dit plus haut relativement au cas où en droit commun
le retrait était admis contre l'engagiste, c'est-à-dire au
cas où l'engagement était perpétuel. L'ensaisinement du
créancier avait ici, comme toujours, pour effet de faire
courir contre les lignagers les délais du retrait.

III. — Arrivons maintenant aux effets de la saisine
d'engagement à l'encontre des tiers autres que ceux
dont nous avons déjà parlé précédemment. De longs développements ne sont point ici nécessaires, car il suffit
d'appliquer à notre cas les principes généraux de la saisine. Son effet essentiel était de rendre le droit de l'engagiste opposable aux tiers qui acquéraient postérieurement un droit réel quelconque sur l'immeuble. Voici,
par exemple, comment s'exprime la coutume d'Anjou et
du Maine sur les cas où les droits d'un acheteur et ceux
d'un engagiste se trouvaient en concurrence sur un
même bien :

*Si aucun avoit vendu à ung autre les fruiz et les levées
d'aucun fons jusques à certain temps et puis qu'il vendist
le fons à ung autre, si celui qui auroit premièrement
achacté les fruiz avoit la pocession des choses, il tiendroit
son temps et l'autre auroit action vers le vendeur de demander les fruiz ou la valuee que l'autre en aura eu puis*

_____

(1) Voir *très ancienne coutume de Bretagne*, art. 220.

la vendicion ; et si le vendeur a la pocession au temps qu'il fist la vendicion et il transportoit en celui segond la propriecté et pocession celui qui aura depuis achacté le fons aura la pocession et propriecté des choses et l'autre aura action vers lui de demander la valleur des fruiz du temps qu'il seroit passé (1).

On le voit, le point de savoir quel était celui qui, le premier, avait traité avec le débiteur était sans intérêt. C'était la date seule de l'ensaisinement qui décidait lequel des deux droits l'emporterait sur l'autre. L'engagiste était-il saisi le premier, l'acheteur devait respecter son temps de jouissance. L'acheteur, au contraire, avait-il le premier obtenu « *la pocession* » comme dit notre source qui se complait toujours dans l'emploi des termes romains et les substitue souvent mal à propos aux expressions coutumières, l'engagiste n'avait d'autre droit que celui de se retourner contre son débiteur et de s'en faire indemniser du préjudice par lui subi.

Ce que nous venons de voir pour le cas de vente était vrai pour toutes les hypothèses, pour celle notamment où deux créanciers gagistes se trouvaient en concours :

Qui prior est in emptione vel pignore vel retorno cum laudimio domini ad quem pertinet, potior est salvis privilegiis a lege indultis, nous dit la coutume de Montpellier dans son article 41.

Seulement, une particularité est à noter ici : si les engagements rivaux étaient tous deux temporaires, le

____

(1) *Les coustumes d'Anjou et du Maine selon les rubriches du Code,* titre XIX, 632.

créancier qui n'avait pas obtenu la saisine avait, en plus de la faculté de se faire rembourser par le débiteur, celle d'attendre l'expiration du temps de jouissance de l'engagiste ensaisiné, et de jouir alors du bien conformément aux termes de son contrat; ce qui lui était naturellement impossible, quand il se trouvait en présence d'un acheteur, dont la saisine durait perpétuellement.

L'on serait tenté, au premier coup d'œil, de voir une contradiction entre les règles que nous venons de tracer d'après la coutume de Montpellier et celles du Maine et d'Anjou et le passage suivant de Beaumanoir:

Voirs est que cil qui baille sa terre à ferme à louage ou par engagement et puis le vent, sans condition en le vente que cil goe ses anées, il est tenus à tant fere vers l'aceteur que cil à qui il avoit devant le coze baillié le tiegne en le manière que li avoit devant convenencié. Et s'il ne le pot fere en nule manière, parce que li aceteres ne s'i veut accorder, il est tenus à rendre toz les damaces à celi a qui il avoit le coze baillié et avecques ce tout le profit qu il peust avoir en son marcié par estimation de bone gent (1).

Il semble bien résulter des termes employés par Beaumanoir qu'au moment où le débiteur vend sa terre, l'engagiste est déjà entré en jouissance. L'on pourrait donc conclure de ce texte que toujours le droit de l'acheteur l'emportait sur celui du créancier. Ce serait, croyons-nous, une erreur. En admettant, même, comme cela paraît incontestable, que Beaumanoir suppose l'engagiste en possession, il est certain qu'il se place ici dans

_____

(1) Beauman., XXXIV, 14.

le cas d'une possession de fait et non dans celui où le créancier s'était fait donner par le seigneur la saisine d'engagement. Une pareille hypothèse devait être fréquente ; souvent l'engagiste, par ignorance ou par incurie, devait négliger de se faire ensaisiner solennellement, et cela explique comment notre jurisconsulte parle, dans un autre passage déjà cité, du danger qu'il y avait à prendre une terre en gage sans demander la saisine, danger que « *moult de gens* » ignoraient.

Cette remarque va nous servir à mieux comprendre le texte qu'il nous reste à étudier sur ce sujet, et qui présente quelque difficulté.

Nous nous sommes placés jusqu'ici dans l'hypothèse où l'un des deux engagistes s'était fait ensaisiner et nous avons vu comment les choses se passaient alors. Il en était tout autrement quand aucun des deux créanciers n'avait obtenu l'investiture. C'était alors la date du contrat qui seule décidait la question de préférence. Celui qui avait traité le premier « *jouissait de ses années* » et c'était seulement après, que le second engagiste pouvait se mettre en possession de l'immeuble. Telle est bien la conclusion qui se dégage de Beaumanoir, XXXIV, 15 ; mais ce texte qui a été écrit dans le but de résoudre une difficulté toute particulière, présente une assez grande obscurité. Il n'est pas inutile pour notre sujet de chercher à comprendre son sens véritable. Beaumanoir se demande comment se réglaient les choses quand une personne, après avoir consenti deux engagements successifs sur le même bien, disparaissait sans laisser de procureur contre qui on eût pu plaider. Il examine deux sous-hypothèses qui pouvaient se présenter ; la première est ainsi posée et ainsi résolue par le vieux jurisconsulte :

Quand aucuns a baillé sa terre à ferme ou à louage ou par engagement et puis la baille à un autre avant que li autres en soit hors, puis s'en va hors du pais sans bailler procureur, lequel on peust sivir de garantie et ples muet entre les deus qui le coze pristrent : on doit delivrer le marcié à celi qui proeve la première convenence et convient que cil à qui le derraine convenence fu fete et qui ne set qui sivir atende tant que le premiere convenence soit aemplie et après il doit goïr de le coze selonc ce qu'il proeve le derraine convenence. Mais ce entendons noz se debas en vint avant que cil alast hors du pais, ou que cil qui s'en ala fut en ajornement avant qu'il s'en alast ou que li uns fust ja entrés en le coze.

Ce qui rend cette hypothèse difficile, c'est que, d'abord, on est tenté de croire qu'un des engagistes est ensaisiné, puisqu'il est déjà « *entré en le coze* » et alors, on s'étonne de voir que, contrairement à tous les principes de la saisine d'engagement, c'est la date seule du contrat qui décide la question de préférence. Mais le texte que nous avons étudié plus haut et qui, dans Beaumanoir, précède immédiatement celui dont nous nous occupons maintenant, doit nous empêcher de tomber dans cette erreur. Ici, comme là, notre auteur parle d'une possession résultant non d'une investiture seigneuriale, mais d'une simple tradition faite par le débiteur à son créancier, et l'action dont il s'occupe dans la dernière phrase est non pas celle par laquelle l'engagiste pouvait demander la saisine, mais bien l'action personnelle par laquelle il réclamait de son débiteur l'exécution du contrat, c'est-à-dire la remise matérielle de la chose. Ceci admis, et ce n'est pas douteux, la solution donnée par Beaumanoir devient toute simple : la possession de l'engagiste, non consacrée par l'investiture seigneuriale, était dénuée de tout caractère juridique à l'encontre des tiers et ne pouvait faire obstacle aux droits d'un créancier antérieur. La saisine seule, nous le répétons, rendait le contrat valable *erga omnes*.

La seconde hypothèse prévue par le texte ne présente pas de difficultés et se rapporte au cas où aucun des deux contrats n'a reçu un commencement d'exécution :

Se nus n'i estoit encore entrés (en le coze) quand il s'en alla, ne ples n'en fu commenciés contre li, ne il n'en fust encore ajornés, li uns ne li autres ne porroit goïr de se convenence devant qu'il revenroit ou qu'il trouveroient aucun tenant de li cet heritage comme hoir, ou procureur establi de par ci qui s'en servit alés. Mais cil pourroient il sivir en le manière dessus dite.

Ce fait que le droit des engagistes était paralysé tant que le débiteur ne revenait pas ou qu'il ne se trouvait personne pour le remplacer, était une intéressante application de ce principe que, dans notre ancien droit, l'on ne pouvait plaider contre un absent.

Nous avons fini par là d'étudier la saisine d'engagement. Résumons-nous en disant que l'ensaisinement est

devenu, au XIII⁰ siècle, le procédé habituel par lequel
un seigneur autorisait et consacrait la constitution d'un
droit réel sur la terre qui mouvait de lui et que cette
institution, particulièrement en notre matière, eut de
très heureux effets. Bien qu'il soit souvent trompeur de
comparer les choses anciennes aux nouvelles, l'on peut
dire que l'ensaisinement par le seigneur rendit, pendant
le moyen âge, les mêmes services que, maintenant, notre système de la transcription.

III. — De l'engagement des immeubles incorporels.

C'était pour la terre et sur la terre que s'était organisée la féodalité. Tout ce qui était meuble lui échappait
et ne pouvait être atteint par elle. Or, l'on s'aperçut vite
qu'il y avait un intérêt social et familial considérable à
faire participer le plus de choses possible aux avantages
qui découlaient du lien féodal. Aussi, dès le X⁰ siècle,
aperçoit-t-on une tendance marquée à restreindre de
de plus en plus la catégorie des biens mobiliers. Ce travail est achevé dès le XIII⁰ siècle et l'on peut dire que
tous les éléments de la fortune, alors vraiment importants, sont devenus à cette époque des immeubles, des
héritages, comme s'expriment de préférence les sources du moyen âge. Une idée simple et logique guida les
praticiens et les juristes dans leur conception des immeubles fictifs ou incorporels. Quand ils se trouvaient
en présence d'un droit quelconque, les questions qu'ils

se posaient, pour déterminer sa nature, étaient les suivantes : ce droit est-il perpétuel ? produit-il des revenus périodiques dont la perception ne modifie pas sa substance ni ne diminue sa valeur? S'ils pouvaient répondre affirmativement sur ces deux points, le droit en question était traité comme immeuble : il avait, en effet, avec la terre ces deux analogies qu'il ne pouvait périr et que les produits qu'on en tirait périodiquement le laissaient intact et non diminué (1). C'est si bien cette idée qui a conduit les jurisconsultes du moyen âge que Beaumanoir (2) compare et assimile les arrérages d'une rente aux *despuelles* d'une terre.

D'après cela on le conçoit, une large catégorie d'immeubles incorporels se forma à côté des immeubles véritables : les rentes, les dîmes, les justices, toutes les redevances seigneuriales et féodales, « *corvées, hommages, travers, toulix* » (3) étaient des héritages, et comme tels, soumis au même régime que la terre. Pris en eux-mêmes et isolément, ces droits pouvaient devenir l'objet d'une tenure. Le seigneur pouvait inféoder sa terre à l'un, et, à l'autre son droit de justice sur cette terre. Tel pouvait tenir en censive une rente perpétuelle et était alors astreint relativement à cette rente, aux mêmes obligations qu'un censitaire ordinaire.

Enfin, et pour en arriver au point qui nous intéresse

(1) Voy. Beauman., ch. XXIII, et en particulier les paragraphes 8 et 9 de ce chapitre.

(2) Voy. Beauman., XXIII, 9.

(3) Beauman., XXIII, 3.

le plus particulièrement, ces immeubles incorporels
étant tous frugifères, se prêtaient à merveille au gage
d'usage tel que nous venons de l'étudier. Cet engagement des rentes, des dîmes, des justices était un fait
fréquent et beaucoup d'actes relatifs à de telles opérations sont parvenus jusqu'à nous (1). Rares et même
nulles sont, au contraire, les indications relatives à ce
sujet dans les jurisconsultes du moyen âge. Et cela se
conçoit : il n'y avait en effet pour eux aucune raison
spéciale d'en parler, puisque cet engagement ne différait en rien de celui des immeubles réels.

Remarquons ici qu'en thèse générale le droit d'engagement lui-même ne constituait pas un immeuble. Une
des conditions essentielles pour qu'un droit fût immobilier, la perpétuité, lui manquait. Chaque perception
diminuait, en effet, ici, la valeur du droit, en minait peu
à peu la substance et arrivait à la fin à le réduire à
néant. Il en était du moins ainsi dans les cas de vif gage,
c'est-à-dire dans l'immense majorité des cas. Tout au
plus dans ces hypothèses exceptionnelles de mort gage,
qui constituaient en quelque sorte des tenures perpé-
tuelles, pouvait-on admettre que l'engagement fût un
droit immobilier. Le fit-on ? C'est un point sur lequel
il est difficile de donner une réponse, faute de documents.

On voit par ce qui précède quelle extension considé-

______

(1) Voir, à titre d'exemple l'acte no 265 du Cartulaire de Notre-Dame
de Chartres, qui relate l'engagement d'une dîme au profit du chapitre de la cathédrale.

rable, quant aux objets sur lesquels il pouvait porter, donna à l'engagement cette théorie féodale des immeubles incorporels. Qu'on nous permette en finissant, et bien que ce point ne se rattache qu'indirectement au présent paragraphe, de faire remarquer que la théorie des choses hors du commerce était presque complètement inconnue au moyen âge (1). En conséquence l'engagement pouvait porter sur des choses et sur des droits que nous sommes aujourd'hui accoutumés à considérer comme inaliénables. C'est ainsi que le droit de justice pouvait faire l'objet d'un gage. C'est ainsi encore que nous voyons le seigneur de Marseille consentir un engagement sur le port de cette ville et sur tous les droits de douane, d'entrée, etc., qui y étaient attachés (2) ou un évêque donner une église en gage (3). Pour l'engagement des églises et autres lieux consacrés, il existait probablement, néanmoins, de certaines restrictions. Nous savons en effet par Beaumanoir que les objets du culte ne pouvaient être mis en gage qu'aux mains des clercs :

S'aucuns a galisces ou vestemens ou autres cozes por Dieu servir, bien les pot prester ou donner en tel liu que Dix en soit servis et non pas en autre liu (4).

---

(1) Nous croyons que cette idée de biens hors du commerce ne se manifesta au moyen âge que relativement aux dîmes et aux bénéfices ecclésiastiques. Nous aurons d'ailleurs à revenir plus loin sur ce point.

(2) Acte de 1205, Cart. de St-Victor de Marseille, n° 1115.

(3) Acte de 1044, Cart. de St-Victor de Marseille, n° 1047.

(4) Beauman., XXXVIII, 14.

Il nous paraît bien vraisemblable que cette décision devait être admise aussi relativement aux immeubles consacrés ; une telle réglementation s'imposait encore d'une façon plus énergique pour l'engagement d'une église que pour celui de simples vêtements ecclésiastiques. Quoi qu'il en soit de ce point, il est au moins vrai que, dans l'acte auquel nous avons fait allusion, l'église est donnée en gage au prieur de l'abbaye de St-Victor, ce qui tend à confirmer notre manière de voir.

CHAPITRE II

Le droit féodal, nous l'avons vu, fit disparaître promptement le gage de propriété, tel qu'il se pratiquait pendant la période franque, et le remplaça par le gage d'usage. Mais il laissait la porte ouverte à deux combinaisons possibles, à l'engagement appelé vif gage, et à celui connu sous le nom de mort gage.

Nous sommes déjà fixés sur le sens de ces expressions : Le mort gage était l'opération dans laquelle les fruits de l'immeuble perçus par le créancier ne venaient point en déduction de sa créance ; si bien qu'après sa jouissance, il pouvait réclamer le montant intégral du capital par lui avancé. Il y avait vif gage, au contraire, dans le cas où la perception des fruits faite par le créancier avait pour effet d'amortir sa créance, de l'éteindre petit à petit. C'est ce que nous dit Loysel avec sa concision habituelle :

Vif gage est qui s'acquitte de ses issues ; mort gage est qui de rien ne s'acquitte (1).

Cette terminologie, comme l'a fait remarquer Franken (2), ne paraît pas très ancienne. Avant Loysel, l'ex-

---

(1) Loysel, *Instit. coutum.*, l. III, t. VII.
(2) *Loc. cit.*, § 8.

pression vif gage ne se rencontre que dans le Grand coutumier de Normandie et celle de mort gage ne devient familière qu'au temps de Boutellier. Beaumanoir s'en sert une fois (1) ; mais, de ce passage même, on peut conclure qu'elle était encore peu usitée de son temps, puisqu'il dit : l'engagement « *que li aucun appellent Mortgage* ».

Mais si la terminologie est relativement nouvelle, la chose ne l'est pas, et les deux opérations ont existé dès l'époque où commença à s'organiser le gage d'usage ; si bien qu'il n'y a aucun inconvénient à commettre une sorte d'anachronisme et à désigner par les mots vif gage le gage des Xe ou XIe siècles où les fruits amortissent la dette, et par ceux de mort gage, l'opération des mêmes temps où, au contraire, aucun amortissement ne se rencontre.

Cette remarque faite, l'on peut dire que celle des deux opérations qui, au début de l'époque féodale, fut de beaucoup le plus en faveur, ce fut le mort gage ; et cela est naturel : pendant la période franque le créancier avait eu la jouissance de la chose engagée et jamais on n'avait songé à voir dans cette jouissance autre chose qu'un gain, qu'un profit représentant, en quelque sorte, les intérêts du capital avancé. C'est ce qui nous explique, que pendant le IXe et le Xe siècles, le mort gage fut bien plus usité que le vif gage et que presqu'aucun des actes de cette époque n'admet un droit d'amortissement

____

(1) Beauman., LXVIII, 11.

résultant, au profit du débiteur, de la jouissance du créancier.

Les choses seraient sans doute restées ainsi sans l'influence de l'Église et ses prohibitions sur l'usure. On sait ce que le droit canonique et, après lui, les jurisconsultes du moyen âge entendent par usure :

Toutes convenences, nous dit Beaumanoir, *qui sunt fetes en tele manière que li creanciers ne pot perdre et si pot gaaignier par le convenence sunt uzures* (1).

D'après cette définition, le mort gage devait tomber, au premier chef, sous l'accusation d'usure. Et de fait, ce contrat attira de bonne heure l'attention du clergé ; dès une époque très reculée, dès 829, un concile tenu à Paris déclara l'opération usuraire et en conséquence la réprouva. Mais cette prohibition demeura lettre morte et l'on n'en continua pas moins, après comme avant, à pratiquer très largement le mort gage. La preuve en est dans les très nombreux actes constatant une pareille convention et bien postérieurs à cette date de 829, qui sont parvenus jusqu'à nous.

Ce fut seulement deux siècles et demi plus tard que la défense fut renouvelée, et, cette fois, non plus par une assemblée locale, mais par la papauté elle-même. Alexandre III la formula en ces termes :

Plures clericorum et quod moerentes dicimus, eorum quoque qui præsens sæculum professione vocis et habitu reliquerunt dum communes usuras, quasi mani-

_____

(1) Beauman., LXVIII, 17.

festius damnatas exhorrent, commodata pecunia indi-
gentibus, possessiones eorum in pignus accipiunt et
provenientes fructus percipiunt ultra sortem. Idcirco,
*generalis concilii decrevit auctoritas, ut nullus amodo
constitutus in clero vel hoc, vel aliud genus usuræ exercere
præsumat. Et si quis* (hactenus) *alicujus possessionem
data pecunia sub hac specie vel conditione in pignus acceperit, si sortem suam deductis expensis de fructibus jam
perceperit, absolute possessionem restituat debitori. Si
autem aliquid minus habet, eo recepto, possessio libere ad
dominum revertatur* (1).

Ce texte est curieux en ce sens il ne s'adresse qu'aux
clercs. Cela ne provient nullement de ce que le mort
gage restât permis aux laïques, mais seulement de cette
circonstance, que c'était principalement les clercs qui
s'adonnaient à ce contrat. Les riches abbayes étaient
devenues, en beaucoup d'endroits, de véritables ban-
ques et faisaient métier de prêter. Un grand nombre
d'actes nous montre les seigneurs, obérés par les croi-
sades, engageant leurs terres aux monastères établis
dans leur voisinage. Bien que l'esprit de la décrétale
que nous venons de citer ne fut pas douteux, l'on pouvait, en s'en tenant à sa lettre même, dire que la défense
de prêter à mort gage n'était faite qu'aux seuls ecclésiastiques. Aussi, une seconde décrétale du même Alexandre III étendit expressément, un peu plus tard, la prohibition à tous :

____

(1) *Decret. Gregor.* IX, l. V., t. XIX, *de usuris,* cap. I.

Quoniam non solum viris ecclesiasticis, sed etiam quibus libet aliis periculosum est usuram lucris intendere auctorite tibi praesentium duximus injungendum, ut eos qui de possessionibus vel arboribus, quas tenere in pignore noscuntur, sortem suam *deductis expensis* inde jam *receperunt, ad eadem pignora restituenda sine usurarum exactione ecclesiastica districtione compellas* (1).

Ces dispositions, qui ne tendaient à rien moins qu'à détruire une coutume plusieurs fois séculaire, rencontrèrent une vive opposition, surtout de la part des abbayes, contre lesquelles elles étaient particulièrement dirigées. Plusieurs d'entre elles mirent en œuvre tous les moyens pour éluder les prescriptions gênantes de la papauté. Nous relevons notamment dans le Cartulaire de l'abbaye de St-Victor de Marseille un acte du début du XIIIe siècle, bien postérieur par conséquent aux décrétales d'Alexandre III, qui montre qu'à cette époque encore toute résistance n'avait point cessé. Cet acte constate un emprunt de 150 livres par le seigneur de Marseille à l'abbé de St-Victor et se termine ainsi :

..... *et pro predictis CL liberis obligo et trado tibi pignori totum affarum quod G. habet in castro Albanie. Fructus tibi in sortem vel in pagam non computabo et specialiter renuncio illis legibus et decretis et decretalibus quae dicunt sortem per perceptos fructus ex pignore relevari* (2).

Le moyen employé ici pour rendre valable le mort gage est, on le voit, une renonciation expresse du débi-

_____

(1) *Decret. Gregor.* IX, 1. V, t. XIX, *de usuris*, cap. II.
(2) Acte de 1212, *Cart. de St-Victor de Marseille*, n° 1117.

teur aux lois ecclésiastiques prohibant l'usure, particulièrement aux textes que nous venons de citer. Quelle
était la portée juridique d'une pareille renonciation,
c'est ce qu'il est assez difficile de préciser exactement.
Il est certain qu'au moyen âge la convention était presque aussi puissante que la loi. L'idée de dispositions
d'ordre public en matière civile est assez étrangère à
cette époque, et cela se conçoit. Dans ces temps troublés
où le pouvoir central était faible et ne pouvait assurer à
chacun une efficace protection, un jeu bien plus grand
qu'aujourd'hui était, en matière de convention, laissé à
la liberté individuelle. Le créancier, qui n'était pas certain de trouver toujours une justice prompte et régulière,
cherchait à obtenir le plus de droits possible contre son
débiteur ; et, presque toujours, ce que les parties avaient
convenu devenait la loi entre elles et était juridiquement
valable. C'est ainsi, pour citer seulement un exemple,
que le sénatus-consulte Velléien, introduit par les juristes dans notre droit, ne le fut qu'avec une modification
importante : tandis qu'à Rome, il constituait une disposition d'ordre public, notre ancienne jurisprudence admit presque constamment que la femme qui se portait
caution pouvait valablement renoncer à se prévaloir de
la protection à elle offerte par la loi (1).

Malgré qu'un grand nombre de dispositions législati-
ves eussent un caractère purement dispositif, il est bien

____

(1) Voy., sur ce point, Gide, *Etude sur la condition privée de la
femme*, p. 405 et ss. (2ᵉ édit).

difficile de croire qu'une renonciation aux lois sur l'u-
sure pût être tenue pour valable :

Nous avons dit, el capitre des convenences, ainsi s'exprime Beaumanoir, *que convenences qui sunt fetes contre
bones meurs ne sont pas à tenir et si avons bien dit que ce
est bien contre bones mœurs, quant il a en le convenence
uzure ou rapine* (1).

Il y avait là bien plus qu'une disposition de droit civil ; il y avait une prescription religieuse, quelque chose,
en conséquence, de supérieur à la convention des parties
et qui ne pouvait être touché par elles. Il paraît donc
certain que la clause de renonciation qui nous occupe
n'avait aucune portée juridique et ne constituait qu'une
obligation morale à la charge du débiteur. Et l'idée même d'une telle obligation morale se conçoit assez mal ;
faire un bénéfice usuraire mettait l'âme en péril ; comment pouvait-on donc s'engager moralement à faire
commettre un péché à la partie avec laquelle on traitait ? Peut-être faut-il admettre que le caractère même
de cette partie justifiait un tel engagement (2). Souvent

(1) Beauman., LXVIII, 1.
(2) Nous n'ignorons pas que le principe de la nullité des promes-
ses d'intérêt était combattu par un autre principe du droit canonique lui-même, à savoir le respect dû au serment. L'Église avait
su, par un étrange détour, concilier ces deux principes qui étaient
en opposition. Si une personne promettait sous serment de payer des
intérêts, elle devait les payer d'abord, sauf à les répéter ensuite. On
pourrait peut-être penser qu'un pareil serment s'était produit dans
le cas qui nous occupe ; mais, outre qu'il n'en est pas du tout fait
mention à l'acte, nous ne voyons pas quel effet il eût pu produire ici.
Quand un débiteur promettait des intérêts sous serment, il devait
les payer, sauf à les répéter. Dans notre hypothèse d'engagement, le

les chartes du moyen âge nous montrent les contrats faits par les abbayes comme passés avec le saint même qui en était le patron. Dans une pareille hypothèse, le profit usuraire perdait vraisemblablement son caractère vicieux et était considéré comme une sorte d'aumône ou de donation s'ajoutant au contrat principal.

Quoiqu'il en soit, et malgré une assez longue résistance, les prescriptions canoniques remportèrent en France un triomphe complet. Le mort gage disparut de la pratique et les dispositions de la coutume, à ce sujet, ne furent que le reflet pur et simple des dispositions canoniques. C'est ainsi qu'on lit dans Beaumanoir :

Encore est-il une autre maniere d'usure... que li aucun apelent mortgage, si comme aucun prestent une somme d'argent sur aucun héritage, qui sunt nommé, en tele maniere que tant que li emprunteres tenra les deniers li presteres tenra l'eritage et feront les despuelles soies tant qu'il rait le somme d'argent qu'il presta, sans riens rabatre de levées de l'iretage. En tel cas disons noz que nule plus aperte uzure ne pot estre que chele que le presteres oste des despuelles de l'iretage (1).

Le Grand coutumier de Normandie dit dans des termes presqu'identiques :

Quand cil qui tient la chose en gaige et a les fruitz et les

créancier percevait au contraire directement et par lui-même tous les fruits. Le serment ne pouvait donc avoir pour effet de forcer le débiteur à les livrer à l'engagiste et il est inadmissible qu'il pût empêcher le premier de les faire ensuite compenser par justice avec sa dette.

(1) Beauman., LXVIII, 11.

yssues et n'en compte rien à la debte ; si comme s'aulcuns baille sa terre à aultruy en gaige por 40 livres, tout ce que cil qui la tient reçoit des yssues de la terre par dessus son chastel est tenu à usure (1).

Donc le mort gage est prohibé. Mais, si les parties, au mépris de la coutume, concluent un pareil contrat, quel sera son sort ? En d'autres termes, quelle est la sanction de la loi ? Sur ce point encore, nos jurisconsultes suivent pas à pas les décisions d'Alexandre III. La sanction ne consiste pas dans la nullité absolue du contrat, mais dans ce que l'opération est ramenée à un vif gage :

Ce que le créancier, nous dit Boutellier, *tient en gaige aucune tenure dont il a perceu les fruictz, sachez que tous les fruictz qui depuis que ce luy fut engaigé a perceu doibvent estre comptez en paye* (2).

Beaumanoir est plus explicite encore :

Doncques, se cil qui emprunte en morgages veut pledier de l'usure, toutes les despuelles que li uzeriers leva, sunt rabatues de la dette (3).

Le débiteur qui avait emprunté sur mort gage pouvait donc se prévaloir devant le juge du vice qui entachait l'opération et forcer le créancier à imputer les fruits perçus sur sa dette. Mais quand et devant quel juge pouvait-il ainsi invoquer l'usure ? On appliquait ici les règles ordinaires de compétence pour les questions de cette nature. Le débiteur était-il poursuivi en paye-

(1) *Gr. coutum. de Normandie,* ch. 20.
(2) *Somme rural,* f° 89.
(3) Beauman., LXVIII, 11, *in fine.*

ment par son créancier devant une juridiction laïque, il avait un choix à exercer. Il pouvait ou bien invoquer devant ce tribunal l'exception d'usure ou bien laisser le procès suivre son cours devant la justice laïque et intenter une action d'usure, à titre principal, devant l'Officialité. Dans ce dernier cas, la cour civile n'était pas tenue d'attendre, pour statuer, la décision de la cour ecclésiastique. Elle pouvait accorder au créancier le montant intégral de sa demande et contraindre le débiteur au payement. Seulement ce dernier obtenait alors des juges ecclésiastiques une décision qui forçait le créancier à restituer ce qu'il avait reçu en trop, sous peine d'excommunication (1). Pour éviter ces complications et ces recours, il était donc beaucoup plus simple pour le débiteur d'invoquer tout de suite son exception d'usure devant la cour laïque.

Les choses se passaient ainsi quand l'engagiste était demandeur et introduisait une action en payement du capital par lui avancé. Mais il pouvait ne point agir et continuer sa jouissance, après que les fruits par lui perçus avaient atteint la valeur de sa créance. Dans ce cas, le débiteur avait intérêt à prendre les devants et à introduire une action tendant à faire transformer le mort gage en vif gage, à faire constater que sa dette était amortie et à obtenir la restitution immédiate du bien engagé. Cette action, il ne pouvait l'intenter que devant « *la cour de chrétienté* ». Elle avait en effet pour base et

____

(1) Cela résulte de Beauman., LXVIII, 5 et 6.

pour raison d'être une question d'usure, et la juridiction ecclésiastique était seule compétente sur ces matières, quand elles se présentaient à titre principal et non comme moyen de défense(1).

En ce cas, si l'Officialité reconnaissait le bien fondé de la demande, elle ordonnait à l'engagiste de restituer le bien et les fruits perçus en excédent du montant de la créance, sous peine d'excommunication (2).

Telles étaient les règles admises sur le mort gage, mais à ces règles il y avait des exceptions, qu'on peut ranger sous deux catégories bien distinctes. Dans la première, prennent place les cas de mort gage permis qui, d'après nos idées modernes constituaient véritablement des gages, c'est-à-dire les hypothèses où l'engagiste était bien en réalité créancier en vertu d'un *mutuum*, mais où, à raison de sa qualité, on avait jugé qu'il devait être particulièrement bien traité. Dans la seconde catégorie, se placent ces morts gages qui n'ont plus guère du gage que le nom, et qui consistaient, en réalité, dans l'établissement de véritables tenures.

Les cas de la première espèce nous sont indiqués par le droit canonique. En effet, la décrétale même d'Alexan-

______

(1) Voy. Beauman., LXVIII, 12.

(2) L'on pourrait croire au premier abord que l'engagement à temps déterminé aurait pu rouvrir la porte à l'usure : comme si, par exemple on avait engagé un bien pour dix ans, alors que cinq années de récoltes normales étaient suffisantes pour amortir le capital avancé. Mais une telle opération ne fut jamais considérée comme usuraire. Elle contenait, en effet, un forfait, un aléa : il se pouvait que les récoltes fussent mauvaises, nulles, etc... ; et cet aléa était suffisant pour qu'on considérât le contrat comme régulier.

dre III que nous avons citée plus haut, après avoir défendu aux clercs de prêter à mort gage, admet dans sa phrase finale une exception à cette prohibition :

Quod si post hujusmodi constitutum in clero quisquam exstiterit qui detestandis usurarum lucris insistat ecclesiastici officii periculum patiatur, nisi forte ecclesiae beneficium (1) *fuerit quod redimendum ei hoc modo de manu laici videatur.*

L'hypothèse prévue est la suivante : on suppose qu'un bénéfice ecclésiastique a été aliéné à un laïque ; puisque, plus tard, ce laïque, empruntant une certaine somme d'un clerc, donne en gage à celui-ci cet ancien bénéfice. Le clerc, alors, est autorisé à percevoir les fruits du bien engagé sans les imputer sur sa créance.

La raison de cette exception est facile à comprendre. Pour les canonistes, les biens de l'Eglise étaient inaliénables. A plusieurs reprises, les conciles et les papes renouvelèrent la défense d'aliéner les biens ecclésiastiques (2). A vrai dire, ces dispositions demeurèrent toujours inefficaces. De très nombreux bénéfices, pendant tout le cours du moyen âge, passèrent aux mains des

---

(1) Sous ce mot, se trouve la glose explicative suivante :

Hoc ita potest intelligi, puta laicus aliquis injuste detinet possessionem aliquam, quæ fuerat clerico in beneficium assignata : licitum est clerico de manu laici taliter eam redimere ut ecclesia vel ipse clericus fructus taliter perceptos retineat : nec est usura, cui tantum suum recipiat : quia sic forte possessio ad ecclesiam reverteret hoc modo : quia forte alias non poterat recuperari. Et ideo est, si esset feudum ecclesiæ, quia fructus ecclesiæ non computabit in sortem sed ecclesia interim servitia a vasallo recipere non debet.

(2) Voy. *Decret. Gregor.* IX, l. III, t. XIII, *de rebus ecclesiæ alienandis vel non,* cap. 5, 6 et 10.

laïques et jamais les acquéreurs ne furent inquiétés. Il n'en restait pas moins vrai qu'aux yeux des canonistes les bénéfices ainsi vendus demeuraient toujours la propriété de l'Eglise. On comprend, dès lors, que, quand un clerc se faisait remettre en gage un bien de cette nature, il fut autorisé à en percevoir les fruits sans les imputer sur sa créance ; il les touchait moins en effet, en sa qualité d'engagiste qu'en sa qualité de propriétaire théorique. Cette situation avantageuse qui lui était faite, était comme une punition infligée à l'acheteur d'un bénéfice. C'est ce que nous indique bien le texte d'Alexandre III par ces mots : « *quod redimendum ei hoc modo de manu laici videatur* ». L'Église par ce moyen recouvrait, en effet, les plus importants de ses droits de propriétaire, aussi longtemps du moins que le débiteur ne dégageait pas l'immeuble en remboursant intégralement le capital par lui avancé.

Cette exception n'est jamais sortie du domaine du droit canonique et l'on en chercherait en vain la trace dans les écrits des jurisconsultes coutumiers. Ceci est d'ailleurs naturel, une cour laïque ne pouvant que bien rarement être appelée à se prononcer sur une telle opération. Cela n'eut pu se produire qu'au cas où l'Église eut introduit contre l'emprunteur une demande en restitution du capital prêté. Or, pratiquement, elle ne devait pas en agir ainsi ; elle devait préférer garder la possession du bien aussi longtemps que possible : c'était même pour lui permettre d'atteindre ce but que la disposition avait été édictée. Le remboursement du capital était à considérer bien plutôt comme une faculté pour l'emprunteur que comme une obligation.

Un autre cas de mort gage permis, qui présente quelque analogie avec le précédent, nous est fourni par un autre texte qui émane aussi d'Alexandre III :

Conquestus est nobis C. clericus præsentium lator quod, licet de quadam terra, quam pater suus vobis obligavit, sortem vestram deductis expensis receperitis, terram tamen ipsam, non sine derogatione vestræ salutis, honestatis et famæ nihilominus detinentis. Inde est, quod *discretioni vestræ* per apostolica scripta præcipiendo *mandamus, quatenus si terram ipsam titulo pignoris detinetis, et de fructibus ejus sortem* vestram *recepistis prædictam terram clerico memorato* dilatione et appellatione cessante *reddatis*, et in pace et quiete dimittatis, *nisi* forte *terra ipsa de feudo* (1) *sit monasterii vestri* (2).

Il résulte de ce passage que, quand le vassal d'un domaine ecclésiastique engageait son fief au clerc qui était son seigneur suzerain, les fruits ne venaient point en déduction de la dette. Le motif de cette disposition est d'une nature identique à celui que nous avons indiqué pour la précédente. Ici, encore, et d'après les principes même du droit féodal, l'Église avait conservé sur le bien qui lui était donné en gage une sorte de droit théorique

---

(1) Sous ce mot, se trouve la glose suivante : *In isto casu fructus non computantur in sortem, interim tamen non debent servitium recipere a vasallo.*

(2) *Decret. Gregor.* IX, *de usuris*, cap. 8.

de propriété, ce qu'on a appelé plus tard la *directe*. L'on comprend, par suite, que l'Église fut traitée favorablement à raison de son droit de suzeraineté. Cependant, d'autre part, il n'y avait aucune raison pour traiter le débiteur avec autant de rigueur que dans l'hypothèse de l'engagement d'un bénéfice. Aussi admit-on ici que la situation avantageuse faite à l'Église serait compensée par une faveur faite au débiteur. Celui-ci, tant que durait l'engagement, était relevé de ses devoirs féodaux. Cela rétablissait l'équilibre. C'est ce que nous apprend Innocent III dans un bref conçu en ces termes :

Insinuatione tibi *praesentium declaramus quod gageria quam de feudo ecclesiae tuae ab M. dignosceris recepisse* Wiffredi fratris ejus accedente consensu, *a te potest libere detineri, fructus non computatis in sortem, ita videlicet, ut, quam diu fructus illos percepris in sortem minime computandos, idem M. a servitio in quo tibi et ecclesiae tuae pro feudo ipso tenetur, interim sit immunis* (1).

Franken (2) a cru retrouver dans notre droit coutumier une trace de cette disposition. Il cite à l'appui de son dire les paragraphes 9 et 10 du chapitre XXI de Pierre de Fontaines. Mais il n'est pas douteux que ces textes ne s'occupent nullement du mort gage ; ils parlent des effets de la mainmise opérée par le seigneur sur le fief de son vassal au cas où celui-ci n'obéissait pas à la *semonce*, ou sommation de comparaître, à lui faite. De

____

(1) *Décret. Grég.* IX, 1. III, t. XX, *de feudis*, cap. 1.
(2) *Loc. cit.*, § 9.

Fontaines dit que les fruits perçus par le seigneur à la suite de cette saisie ne venaient point en compensation avec l’amende qui lui était due. C’est sans doute ce passage qui aura occasionné l’erreur de Franken.

On peut donc dire avec certitude que ce mort gage, pas plus que le précédent, n’est sorti des limites du droit canonique. Il ne fut jamais pratiqué dans les rapports d’un vassal avec un suzerain laïque. Quand un engagement intervenait entre de telles personnes, il demeurait soumis aux règles ordinaires ; le suzerain continuait à avoir droit aux services féodaux, mais il devait imputer les fruits du fief sur sa créance.

Les cas appartenant à la seconde série d’exceptions, présentaient un caractère bien différent. Ils découlent de la coutume même et jouent dans les rapports de famille, au moyen âge, un rôle assez important.

Une première de ces hypothèses est celle où un père constituait en dot à sa fille une certaine somme d’argent, mais où, au lieu de payer immédiatement cette somme, il remettait au mari une terre, avec cette convention que ce dernier en jouirait aussi longtemps que les deniers ne lui seraient pas payés. Le mari était autorisé à toucher les fruits du bien à lui remis, et la perception qu’il en faisait n’avait nullement pour effet de diminuer le montant de la dot. Cette opération est désignée par les sources comme un cas de mort gage permis. C’est ainsi que nous lisons dans les Olim de 1259 :

Baldoinus dominus Bellavallis dedit in maritagium cuidam filie sue 800 *libras et pro ipsa pecunia tradidit ipsi*

100 *libratas terre de feodo domini regis in mortuum vadium* (1).

Pierre de Fontaines s'exprime en ces termes sur la même hypothèse :

Quand li preudoms de qui tu te conseilles maria sa fille et li donna une piece de terre en mariage, ce n'est pas contre costume, se la terre revint au pere apres la mort sa fille qui mourut sanz oir de son cors. Mès se deniers furent doné en mariage et la terre baillié à mort gage por les deniers, après la mort sa fille qui n'a point d'oir de son cors, demorera la terre par la moitié dou nombre au mari ou à son oir, selonc la convenance qui mise i fu (2).

D'après ces textes, on le voit, la constitution du gage se présentait ici comme une sorte de dation en payement. Le constituant, par la remise de la terre, se voyait libéré de son obligation de payer la dot ; le mari, en effet, ne pouvait plus exiger de son beau-père le versement des deniers en offrant de rendre le bien engagé. Il y avait là, en réalité, concession d'une terre, avec réserve, au profit du concédant, de la reprendre pour une somme déterminée. C'est précisément cette faculté de reprendre le bien qui a amené les jurisconsultes du moyen âge à considérer l'opération comme un gage, et de plus, comme un mort gage, puisque la jouissance du mari n'avait point pour effet de diminuer le montant du capital que le père devait payer pour dégager sa terre. Une telle

____

(1) *Regist. des Olim.* (An. 1259). — Edit. Beugnot, t. I, p. 449, n° 8.
(2) De Fontaines, XV, 14.

manière de procéder devait être fréquente, car nous savons que la langue usuelle avait créé pour la désigner une expression particulière : c'était là ce qu'on appelait *mariage à mortgage*. Cette manière de parler, qui n'avait jamais eu de valeur technique, donna lieu plus tard, quand l'usage sur lequel elle reposait eut disparu, à une singulière méprise de la part de Cujas (1) : pour lui, un *mariage à mortgage* était un mariage morganatique. La vérité historique fut plus tard rétablie par Laurière. « *Mariage à mortgage*, dit-il, *n'était point un mariage* AD MORGANATICAM, *mais un mariage par lequel une terre était donnée par un père ou une mère à leurs enfants pour en percevoir les fruits jusqu'à ce qu'elle eût été rachetée* (2).

La coutume fut sur ce point expressément confirmée par une disposition du droit canonique qui autorisa en ces termes le mort gage pour dot :

Sane generum ad fructus possessionem quæ sibi a socero sunt pro numerata dote pignori obligatæ computandos in sortem non credimus compellendum, quod frequenter dotis fructus non sufficiant ad onera (3) *matrimonii supportanda* (4).

Un autre cas qui présente avec le précédent un lien de parenté évident, mais sur lequel nous ne trouvons

---

(1) *Comm. ad. tit. Dig.*, *de verb. oblig.*, au frag. 26,

(2) Laurière, dans ses Gloses sur Ragueau, *Comm.*, II, p. 97.

(3) Ce mot est expliqué par la glose suivante : *Hoc ideo dicitur quia fructus dotis ceduntur lucro marito propter onera matrimonii.*

(4) *Decret. Gregor.* IX, *de usuris*, cap. 16.

rien en droit canonique était celui-ci : Un père, voulant
par son testament, donner à ses filles ou à ses fils puînés
une part plus forte que celle que leur attribuait la coutume, chargeait l'aîné de leur payer un certain capital ;
puis il déclarait qu'un bien de sa succession, dont la
propriété devait appartenir à l'aîné, serait tenu en mort
gage par les autres enfants jusqu'au jour où ils rece-
vraient de leur frère la somme fixée pour le dégagement.
Cette opération était permise par la coutume et Boutellier s'exprime sur elle en ces termes après avoir parlé
du mort gage en général :

*Si sachez que cette forme d'obligation ne se doibt ne peult
faire fors entre frères et seurs par l'ordonnance, advis ou
asseune du père pour l'avancement d'aucuns de ses enfants
envers aultres. Si comme si ung fief ou terre noble qui par
droict naturel vont apres sa mort à l'aisné et il ait filz ou
fille mainsnez qui nauront ou nauraient que les quintes
terres nobles, si sachez que bien peut ordonner et laisser à
uns ou deux de ses filles ou autres enfans mainsnez ung
fief ou autre terre et telle qui luy plaira devant ses enfans
qui tiendra celle terre par mortgaige tant et si longuement
que laisné l'aura rachatée de la somme que le père ordon-
nera sus suppose encores qu'il y ordonnast autant ou plus
que la terre ne vauldroit en vente et ne retournera jamais
à laisné jusques à ce que dicelle somme laura rachettée luy
ou son hoir, car ses hoirs demourroient en tel charge et
aussi les hoirs de celluy qui tient la terre par mortgaige de-
meurent en ce droit et le tiennent aussi bien que leurs pré-
décesseurs si ainsi nestoit que elle vint à laisné ou à son*

hoir de droicte ligne et par ceque celluy qui tient le mort-
gaige nauroit aultre hoir plus prochain (1).

L'on est si loin ici de la conception ordinaire du gage,
et l'idée d'une spéculation usuraire pouvait si peu trouver sa place dans cette hypothèse, que l'on comprend
bien que la coutume n'ait pas eu même besoin, pour être
acceptée par le droit canonique, d'une consécration expresse de celui-ci. Ce qu'on comprend moins bien, au
premier abord, c'est la raison pour laquelle un père recourait à un tel procédé pour avantager ses enfants puînés. Cela nous paraît constituer une simple complication, sans utilité réelle. En y regardant de plus près.
pourtant, on arrive à en découvrir l'intérêt. Au moyen
âge, en effet, presque tous les patrimoines importants
étaient composés d'immeubles et, dans les plus riches
familles, l'argent était chose rare. Dès lors, quand un
père voulait avantager ses enfants puînés, il était presque toujours obligé de faire porter sa libéralité sur un
immeuble. D'un autre côté, il était fâcheux pour la perpétuation de la famille et de sa situation sociale que la
terre ne restât pas concentrée aux mains de l'aîné et fut
définitivement partagée entre tous les enfants. C'est pour

---

(1) Boutellier, l. I, tit. XXV, p. 138, éd. Charondas le Caron. —
Conf. *Cout. de Champagne*, ch. 3 ; *Cout. de Bourgogne*, articles 21 et 22
et surtout l'article 346 des *Usaiges de Guines*, qui décide que, quand
les parents ont une seigneurie de 100 ou 200 livres de rente et que
le fils aîné la retient en entier, lesdits parents peuvent « *chargier ladite seigneurie de certaine grant somme d'argent que le dit aisné filz
leur seroit tenu de payer quand besoing seroit ; ou s'il luy plaisoit, il
pourroit bien laissier joyr ses frères et seurs de la dicte seigneurie certain temps et terme, tant que la dicte somme seroit payée.*

parer à cette situation que la pratique recourut au mort gage que nous venons de décrire. Par ce moyen, les cadets jouissaient d'une partie des immeubles de la succession, sans que la branche aînée s'en vit pour jamais dépouillée, puisqu'elle pouvait toujours reprendre la terre engagée, en payant un certain capital qu'à la longue elle pouvait amasser (1).

A côté des quatre cas que nous avons examinés jusqu'ici et où, de l'aveu de tous, le mort gage était permis, s'en place un dernier, relativement auquel les anciens jurisconsultes n'étaient pas d'accord, mais qui paraît cependant avoir été admis à la fin. C'était l'hypothèse où une personne imposait à ses héritiers la charge de payer une certaine somme, à titre d'aumône, à une église et décidait que, tant que cette somme ne serait pas payée, ladite église tiendrait à mort gage un bien de la succession. L'opération voulue ici était identiquement celle usitée au profit des enfants puînés : le bénéficiaire seul du droit était différent. Boutellier s'exprime en ces termes sur ce cas, immédiatement après avoir parlé du mort gage des puînés :

Item, selon aucuns ceste obligation se fait aussi à l'église par advis ou don d'aulmosnes si comme d'assigner une somme d'argent à aucune église et se obliger sur une pièce de terre par mortgage à la tenir tant et si longuement que lhoir dicelluy qui aurait ainsi obligé l'auroit rachetté comme dessus est dict, mais selon l'opinion des plus saiges,

---

(1) Cette considération peut aussi servir à expliquer le développement du *mariage à mortgage*.

ceste obligation ne sestend que entre frères et seurs (1).

On le voit, la question était fort débattue au temps de Boutellier. Ce qui nous porte à croire qu'elle fut plus tard tranchée en faveur de l'Église, c'est ce passage de Loysel :

Mort gage n'a coutumièrement lieu qu'en deux cas, en mariage de maisnés ou de filles ou pour don et aumône d'églises (2).

L'on voit par ce qui précède combien fut profonde chez nous l'influence du droit canonique, relativement à notre matière. Il fit disparaître le mort gage du droit français, sauf quelques exceptions toutes spéciales et peu importantes, et ne laissa subsister que ce contrat dans lequel la jouissance de l'engagiste avait pour effet d'amortir sa créance.

(1) *Somme rural*, tit. XXV, liv. I.
(2) *Inst. cout.*, l. III, tit. VII.

APPENDICE

En étudiant les modifications apportées en France
par le système féodal et le droit canonique au gage immobilier de l'époque franque, nous avons tracé un tableau presque complet de notre engagement du moyen
âge : Nous avons vu comment il se formait et comment
il prenait fin ; à quelles conditions il devenait opposable
au tiers ; quels droits et quelles obligations il conférait
aux parties ; sur quels biens il pouvait porter. Un seul
point nous reste à examiner qui n'a pu trouver place jusqu'ici : c'est la question de savoir qui pouvait consentir
un engagement valable. Quelques mots suffiront pour y
répondre.

Si l'on s'en rapportait uniquement à la loi municipale
d'Arles, on serait porté à croire qu'il fallait, pour pouvoir engager un immeuble, en être propriétaire. Nous
y lisons en effet :

*Item statuimus quod nullus invadiat possessionem rei
immobilis alicujus sua auctoritate. Quod si fecerit solvat
centum solidos pro pena et dicta possessio restituatur ei cujus primo fuerat et quod amplius non audeat experiri oc-
casione dicte invasionis* (1).

Mais il n'est pas douteux que ce ne soit là une concep-

____

(1) *Lois municipalas d'Arles*, § 166. Edit. Giraud.

tion trop étroite. A côté du propriétaire de la chose, d'autres personnes pouvaient aussi consentir un engagement. C'est ainsi que Beaumanoir nous dit :

Cil qui tient en bail ne pot le fief meffere ni obliger fors que le tans que ses baus dure. Mais tant de tans comme il dure le pot il meffere ou obliger vers son seigneur ou vers autrui (1).

Le bail dont il s'agit ici est le bail des sous-âgés, cette sorte de tutelle féodale, dans laquelle, on le sait, le baillistre acquérait la jouissance des immeubles du mineur et en percevait les fruits pour son propre compte, à charge de payer les dettes successorales et de pourvoir à l'entretien du sous-âgé. Le baillistre, on le voit d'après le texte de Beaumanoir, pouvait, à raison de cette sorte d'usufruit qui lui compétait, engager les immeubles du mineur pour ses dettes personnelles, à la condition que l'engagement ne fut pas d'une durée supérieure à celle de son bail.

En Normandie, où le mari avait sur sa femme un droit de bail très analogue au bail des sous-âgés, il pouvait également engager les immeubles de celle-ci pour la durée du mariage (2).

L'engagiste lui-même, comme cela résulte d'assez nombreux actes parvenus jusqu'à nous, avait aussi la faculté d'engager le bien sur lequel portait son droit de gage, à condition de ne pas empirer par là la situation de son débiteur.

(1) Beauman., XV, 9.
(2) Loysel, *Instit. cout.*, XVII, 8.

Ces exemples suffisent pour qu'il soit permis de généraliser et de dire que toute personne ayant sur un immeuble un droit de jouissance, pouvait l'engager pour une durée n'excédant pas celle de son droit. Et cela est bien naturel, puisque l'engagement ne pouvait toucher à la propriété, et portait seulement sur les fruits.

Signalons, en terminant, un détail qui ne se rapporte plus à la question de savoir qui pouvait consentir un engagement, mais bien à celle de savoir qui pouvait être engagiste.

La règle était que toute personne pouvait recevoir un bien en gage. Une seule exception à ce principe nous est signalée par le Grand coutumier de Normandie qui nous apprend qu'on ne pouvait engager une terre « *à ceux qu'on a engendrez en bastardise* (1) ». Cette disposition vient sans doute de ce qu'on ne pouvait faire aucune libéralité à son bâtard et qu'on craignait qu'un engagement ne constituât le plus souvent une donation déguisée à son profit.

(1) *Gr. cout. de Normandie*, art. 36.

TROISIÈME PARTIE

COMPARAISON DU GAGE IMMOBILIER ALLE-MAND ET ANGLAIS AVEC L'ENGAGEMENT FRANÇAIS DU MOYEN AGE.

Dans cette troisième et dernière partie de notre travail, nous nous proposons de voir ce qu'est devenu le gage germanique en Allemagne et en Angleterre. Notre but n'est point de tracer du gage immobilier de ces deux pays un tableau complet, ce qui sortirait des limites de notre sujet. Nous voulons nous appliquer seulement à montrer les ressemblances et les différences que présentent ces institutions avec notre engagement tel que nous venons de l'étudier. Les ressemblances nous confirmeront leur communauté d'origine ; les différences nous apparaîtront comme les modifications résultant de l'influence des milieux, pour nous servir d'une expression empruntée aux naturalistes, mais qui peut aussi trouver sa place dans l'histoire du droit.

CHAPITRE PREMIER

Nous avons vu que l'engagement français du moyen âge découle en ligne directe du gage germanique ; dans ces conditions, il y a lieu de s'attendre à trouver entre lui et le très ancien gage immobilier allemand, qui a évidemment la même origine, d'étroits liens de parenté. C'est ce qui est en effet. Le trait le plus typique de notre engagement, son caractère synallagmatique, se retrouve exactement de la même façon, dans le gage de l'Allemagne. Là aussi, l'opération se présente, non comme un contrat accessoire se greffant sur un contrat de prêt, mais bien comme une sorte de vente. La somme avancée par l'engagiste nous est présentée par les sources allemandes, bien moins comme constituant un prêt que comme étant un prix moyennant lequel était concédée la jouissance d'un immeuble. C'est ainsi que nous lisons dans une constitution de gage de 1256 :

Nos fratres.... nobiles de P.... ecclesiæ et conventui in H. 7 mensos nostræ proprietatis... pro 81 marcis examinati pecunie titulo pignoris.... obligavimus (1).

Et dans une autre de 1350 :

Nos C. nobilis dominus de S.... obligamus..... Pater-

(1) *Wenck. Hess. Gesch.*, II, acte n° 154.

bornensis ecclesiæ episcopo 1/8 castri S.... pro 100 *marcis argenti puri... pro nobis apud* **B.** *de* **A.** *per eosdem traditis ac solutis* (1).

L'on pourrait multiplier à l'infini ces exemples d'actes assimilant la somme déboursée par l'engagiste, ou *Pfandschilling*, à un prix d'achat, ou *Kaufschilling*, les cartulaires allemands étant encore bien plus riches que les nôtres en contrats d'engagement (2).

Pas plus que chez nous, il ne faut chercher dans les écrits juridiques du moyen âge un énoncé théorique de ce phénomène. Mais il se trouve très clairement confirmé par une intéressante disposition que nous relevons dans le droit municipal de Soest en Westphalie, où nous lisons :

Item si quis domum suam vel quelibet edificia in pignore dederit et illa igne vel alio casu perierint, si volet is cujus erant ediffcia restituere alia et hec erunt ut ante pignus creditoris reliquias incendii vel ruine et fundum pro pignore, sic creditor nil amplius potest petere (3).

Il résulte de ce texte que, quand le gage périssait, la perte était supportée par le créancier gagiste. Celui-ci n'avait alors qu'un droit, continuer sa jouissance sur les débris de la chose. Il ne pouvait nullement exiger du débiteur le remboursement du capital qu'il lui avait avancé. Sa situation, on le voit, était identique à celle

---

(1) *Ibid.*, acte n° 364.

(2) Voy. les exemples nombreux cités par Meibom, *Das deutsch. Pfandrecht*, § 7.

(3) *Droit statutaire de Soest* (1120). — Édition Giraud.

d'un acheteur. Du moment qu'il était entré en possession de la chose, il en supportait les risques; disposition qui serait inexplicable, si le contrat de gage n'avait point eu réellement ce caractère synallagmatique que les chartes nous ont déjà révélé (1).

C'est ce caractère commun du gage immobilier allemand et français que nous avons présenté d'abord, parce que c'est lui qui démontre le mieux la commune origine des deux institutions. Maintenant que nous sommes fixés sur ce point, voyons quelles sont les modifications subies au cours du temps par le gage germanique en Allemagne.

Les deux facteurs qui l'ont modifié chez nous, le système féodal et le droit canonique, se retrouvent là aussi et y ont exercé sur lui une certaine influence. Mais cette influence fut beaucoup moins radicale qu'en France et l'on peut dire que le gage allemand est resté bien plus près que le nôtre de son prototype.

Voyons d'abord ce qui touche à l'influence féodale.

L'organisation de la féodalité en Allemagne n'eut point pour résultat de faire disparaître le gage de propriété. Ce gage, connu sous le nom d'*Eigenthumspfand*, s'est perpétué sans interruption pendant tout le moyen âge. Au premier abord, on pourrait s'en étonner; car la féodalité eut en Allemagne un développement presque aussi considérable que chez nous et eut, là aussi, pour

---

(1) Voy. en ce sens Meibom, *loc. cital.*, § 7 et une disposition du *Miroir de Saxe* rapportée par lui (III, 5, § 5) qui est tout à fait identique à celle du droit de Soest.

effet de rendre la terre inaliénable, au début tout au moins. Comment donc le gage de propriété put-il se maintenir? La réponse en ce qui concerne certaines portions du Saint-Empire est facile. En Frise et en Suisse notamment, la féodalité n'eut jamais de solides racines et n'exerça aucune influence sérieuse sur la législation ni sur les mœurs. Mais pour les autres parties de l'Allemagne, c'est-à-dire, en somme, pour la presque totalité du pays, comment expliquer ce phénomène? Il tient, croyons-nous, à des causes nombreuses. D'abord, un nombre considérable de villes obtint, dès le début de la période féodale, une presque complète autonomie. Ces communes ont eu en Allemagne un rôle considérable, même en ce qui concerne le droit civil. Le droit des villes se développa en opposition avec le droit féodal et acquit de bonne heure une complète indépendance. D'un autre côté, le nombre des seigneurs allodiaux resta toujours plus considérable que chez nous ; enfin et surtout, beaucoup de seigneurs tenaient directement de l'empereur et l'on ne voit pas que le lien assez faible qui les rattachait à celui-ci les ait jamais empêchés, et cela sans aucune autorisation, d'aliéner ni d'engager leurs biens : c'est ainsi, qu'en fait, la plupart des engagements de propriété dont les chartes nous ont gardé le souvenir ont été consentis par des seigneurs relevant directement de l'Empire.

Ce gage de propriété était presque identique au gage de l'époque franque : il conférait au créancier un droit d'usufruit, pendant le délai consenti pour le remboursement et si, à l'expiration de ce délai, les deniers avancés n'étaient pas remboursés, le débiteur était immédiatement *ipso jure* déchu de son droit de propriété (1). C'était la continuation pure et simple du droit primitif. Une telle opération présentait avec la vente à réméré une profonde analogie. Meibom (2) dit qu'économiquement les deux opérations se confondent et renonce à dire ce qui juridiquement les sépare. C'est aussi, si l'on s'en souvient, la conclusion à laquelle nous sommes arrivé, quand nous avons parlé du gage de propriété de la fin de l'époque franque. Cependant, cette assimilation des deux choses n'est pas acceptée par tous. Franken (3) a fait remarquer, en effet, qu'en Allemagne, la vente à réméré, modelée sur le système romain, n'avait point d'effets contre les tiers. Si l'acquéreur de la chose la vendait pendant les délais de rachat, le réméré ne pouvait être exercé contre le tiers acquéreur. Si au contraire l'engagiste aliénait la chose pendant les délais de remboursement, il est certain que le débiteur pouvait reprendre le bien aux mains de toute personne. Les deux auteurs nous paraissent avoir raison, Meibom, pour le début de la période féodale, où la théorie romaine de la vente à réméré n'avait point encore pris pied en Allemagne, Franken, pour les temps plus récents, postérieurs à l'admission de cette théorie ; alors, en effet, il était pos-

----

(1) Voy. sur cet *Eigenthumspfand*, Brunner, *Geschichte und Quellen des deutschen Rechts*, dans *Encyklopædie der Rechtswissenschaft*, p. 255.

(2) *Loc. citat.*, p. 273.

(3) *Das franzœs. Pfandrecht*, § 12.

sible de distinguer le gage de propriété, opposable aux tiers, de la vente a réméré ne produisant ses effets qu'entre parties (1).

Si la féodalité n'eut pas pour effet en Allemagne de faire disparaître le gage de propriété, elle en restreignit du moins singulièrement le champ d'application et le rendit impraticable dans un grand nombre de cas. Aussi voyons-nous qu'à côté de l'ancien gage de propriété, s'organise, au début de la période féodale, un gage d'usage très identique à l'engagement tel que le décrit Beaumanoir : c'est l'institution connue sous le nom d'*æltere Satzung* (2). Cette épithète d'*æltere* ou d'ancienne qui lui est donnée est destinée à distinguer cette *Satzung* d'une autre institution qui se développa vers le XIVe siècle dans le droit des villes libres, qui porte le même nom spécifique, mais qu'on qualifie de « *neuere* » ou nouvelle. « Cette *neuere Satzung*, nous dit Siegel (3), donne seulement au créancier une sûreté pour sa créance et ne constitue point un équivalent de la somme qu'il a déboursée. Il n'acquiert aucun droit sur l'objet de la *Satzung*, mais seulement une action pour faire vendre

(1) Une pareille distinction serait toujours restée impossible en France, où la vente à réméré eut toujours des effets réels.

(2) Le mot *Satzung* n'existe plus dans l'állemand moderne, du moins avec le sens qu'il avait pendant le moyen âge (*Satzung* signifie aujourd'hui statut, règlement). Mais un dérivé de ce mot a gardé encore le sens ancien : c'est le verbe *versetzen*, qui est l'expression usuelle pour désigner la mise en gage, particulièrement l'engagement au Mont-de-Piété.

(3) Siegel, *Deutsche Rechtsgeschichte*, p. 337.

judiciairement le bien et se payer sur son prix, ou pour se le faire adjuger en payement ». Cette nouvelle institution, on le voit, n'a rien de commun avec le gage germanique. Elle est le produit de nécessités et d'idées nouvelles et présente avec notre *obligation* les plus frappantes analogies. La ressemblance de l'*æltere Satzung* avec notre engagement n'est pas moins grande. On se souvient de la définition que nous avons donnée de ce dernier ; nous avons dit qu'il en était arrivé à être véritablement une constitution d'usufruit à titre onéreux. Cela s'applique à la lettre à l'*æltere Satzung*. C'est si vrai que Meibon (1) a fait remarquer qu'il y a abus de langage à parler ici d'un créancier et d'un débiteur ; et ce n'est point ainsi, en effet, que s'expriment les sources allemandes. Elles parlent d'un *Pfandherr*, d'un seigneur ou maître du gage, et d'un *Pfandgeber*, ce qui signifie littéralement donneur du gage. Comme chez nous, il pouvait très bien se faire que celui qui avait consenti l'engagement ne fut point tenu à rendre le capital avancé et que ce remboursement constituât pour lui une simple faculté. La *Satzung* se ramenait donc à l'établissement d'une vraie tenure, qui pouvait durer fort longtemps, mais qui différait toujours du fief en ce qu'elle n'établissait aucun lien personnel de subordination ni de fidélité (2). Quand rien n'était dit à ce sujet, le remboursement pouvait se produire à tout moment ; d'au-

(1) *Loc. citat.*, § 7.
(2) Meibom., *loc. cital.*, p. 383.

tres fois, un délai minimum de jouissance était fixé au profit du créancier (1).

Parfois aussi, le remboursement était obligatoire pour le débiteur ; dans ce cas, quand l'échéance était arrivée, le créancier pouvait, ou bien continuer à détenir l'immeuble, ou bien poursuivre immédiatement son débiteur en payement. C'est ce que nous avons vu avoir existé aussi dans notre engagement.

La seconde modification importante apportée chez nous au gage germanique par le droit féodal, ce fut la nécessité, pour la perfection du contrat, d'une sanction émanant du seigneur de la terre engagée. Nous avons vu qu'à l'origine, le seigneur devait coopérer à l'acte d'engagement ; sans quoi, il était nul et inexistant, indépendamment de la commise féodale qu'encourait dans ce cas le vassal en faute. Nous avons dit que cette rigueur des premiers temps alla en s'affaiblissant ; qu'en droit commun, il ne resta plus des dispositions primitives que la formalité de l'investiture donnée par le seigneur foncier, investiture qui rendait le contrat parfait contre lui et à laquelle se rattachait d'autre part toute la théorie de la saisine.

Dans l'engagement allemand, nous retrouvons également les deux choses : autorisation du seigneur à l'acte, investiture ayant pour effet de rendre le contrat oppo-

_____

(1) Sur ce point, nous trouvons cité dans Meibom un acte de 1350 qui décide que le rachat pourrait avoir lieu d'année en année, *annis singulis, infra Martini et purificationis beatæ Mariæ Virginis festa* ». C'est l'équivalent d'une disposition que nous avons relevée, pour le droit français, dans la coutume de Bourgogne.

sable au tiers. Mais tandis qu'en France les deux choses en arrivèrent à se confondre, elles restèrent là parfaitement distinctes et séparées.

Le consentement du seigneur pour l'engagement de la terre relevant de lui se perpétua pendant tout le moyen âge, avec le caractère qu'il avait eu au début des temps féodaux (1). Sans lui, le contrat était nul et ne pouvait produire aucun effet. Cette autorisation du suzerain pouvait être donnée de deux façons différentes : expressément, si le seigneur concourait à l'acte avec les parties contractantes, tacitement, si l'engagiste continuait pendant l'an et jour sa possession du bien engagé, au vu et au su du seigneur. Mais, dans les deux cas, la nature et les effets de la chose restaient les mêmes.

L'engagiste avait comme en France une saisine, ce que les sources allemandes désignent sous le nom de *Gewere*. L'acquisition de cette *Gewere* était subordonnée à une investiture préalable, appelée *Auflassung*. Mais, et c'est ceci le point important qui explique comment le consentement du suzerain à l'engagement subsista toujours en Allemagne à côté de l'investiture sans jamais se confondre avec elle, cette *Auflassung* n'était point conférée par le seigneur de la terre. Elle était habituellement donnée par la justice (2) et se produisait sous la

____

(1) Voy. *Sæchsisch. Lehnrecht*, 68, § 3 ; *Richtsteig Lehnrechts*, 17, 19; *Schwæb. Lehnrecht*, 25.

(2) Nous disons habituellement, parce qu'à côté de l'*Auflassung* judiciaire, l'on en trouve aussi une autre indiquée dans les sources et qui se produisait simplement devant témoins. Mais cette dernière forme était simplement un dérivé, une dégénérescence, pour ainsi dire, de la première. Voy. sur ce point Siegel, *op. cit.*, p. 338 et ss.

forme d'un procès fictif. Les deux parties contractantes, dans l'hypothèse qui nous intéresse, le créancier gagiste et son débiteur comparaissaient devant le Tribunal. L'engagiste exposait la nature du droit qu'il avait acquis sur la chose. Le débiteur reconnaissait le bien fondé de cette prétention ou se taisait. Le Tribunal proclamait alors l'engagiste investi.

La suite de cette investiture était pour lui l'acquisition de la *Gewere*, dont les effets protecteurs contre les tiers étaient identiques à ceux de la saisine en France.

Sur cette *Gewere* de l'engagiste, il s'est élevé une vive controverse entre les jurisconsultes allemands. Les uns (1) estiment que la saisine, dans cette hypothèse, était partagée, l'engagiste ayant la *Gewere* pour l'usufruit, le débiteur la conservant en ce qui touchait la nue propriété. Les autres (2), repoussent cette idée d'une *Gewere* partagée et admettent que seul, l'engagiste était saisi. Sans vouloir prendre parti dans cette querelle, qu'il nous soit cependant permis de dire que la seconde opinion nous semble préférable. Elle s'appuie sur un passage du *Miroir de Saxe*, dont l'importance pour le droit allemand du moyen âge est aussi grande que celle de Beaumanoir pour le nôtre. Dans ce passage, se trouve une énumération des cas où l'on perdait légitimement la *Gewere* ; or, parmi ces cas, est précisément mentionné celui où l'on consentait un engagement sur son bien (3).

____

(1) Notamment Albrecht, *Die Gewere*, pp. 99-144.
(2) Notamment Meibom, *loc. cit.*, p. 356.
(3) Voy. *Sachsenspiegel*, II, 24, § 2.

Cela nous paraît démontrer que le débiteur gagiste ne conservait sur son bien aucune *Gewere*, et que seul, comme dans notre droit, l'engagiste avait la saisine.

Laissant de côté la troisième influence du système féodal sur notre matière qui est peu importante et qui d'ailleurs eut une action absolument identique dans les deux pays (1), arrivons-en aux rapports du droit canonique et du gage immobilier allemand. Ici, existe une grande différence avec le droit français. L'on peut dire que les prohibitions de l'Eglise restèrent, en notre matière, presque lettre morte en Allemagne. Des actes innombrables, telle est l'expression de Meibom, constatent que la perception des fruits par l'engagiste n'avait point pour effet de diminuer le montant de sa créance. Et, en cas de silence des chartes, il faut admettre que telle était l'intention des parties. Souvent, cependant, les contractants éprouvaient quelques scrupules à violer ouvertement les prescriptions canoniques : de là, certaines clauses, fréquentes dans les actes, destinées à les tourner. Ou bien le débiteur était censé faire donation des fruits à l'engagiste, ce qui faisait évidemment disparaître toute idée d'usure ; ou bien, au droit de jouissance étaient apportées certaines charges : Au contrat d'engagement, par exemple, l'on joignait une concession de fief. L'engagiste, en recevant le bien, prêtait hommage à son débiteur et devenait tenu envers lui de tous

____

(1) Nous voulons parler de l'extention donnée au gage immobilier par la création des immeubles fictifs ou incorporels ; voy. sur ce point Meibom, *loc. citat.*, p. 295 et ss.

les devoirs féodaux. L'Eglise n'avait rien à dire dans une pareille hypothèse ; car l'on pouvait toujours lui objecter que les fruits n'étaient point perçus à titre usuraire, mais bien en rémunération des obligations féodales de l'engagiste. C'est ce procédé qu'employaient toujours les empereurs quand ils engageaient une de leurs terres ou un de leurs droits immobiliers.

Néanmoins, indépendamment de cette concession toute de forme faite au droit canonique, celui-ci eut de plus l'effet de faire naître en Allemagne une forme nouvelle de *Satzung*, absolument analogue à notre vif gage et dans laquelle les fruits perçus avaient pour effet d'amortir la créance. Seulement, cette opération resta toujours peu employée et était si peu dans les mœurs que les tribunaux n'admettaient son existence qu'en présence d'une stipulation expresse des parties (1). Par un singulier hasard, et qui pourrait facilement prêter à confusion, ce vif gage allemand porte le nom de *Satzuug auf Todschlag*, ce qui, traduit littéralement, signifie mort gage. Cette opposition dans la terminologie s'explique par la différence du point de vue auquel se sont placés les jurisconsultes des deux pays. En France, on a dit : le gage dans lequel ne se rencontre aucun droit d'amortissement est mort pour le débiteur ; en Allemagne, on a considéré que celui dans lequel les fruits éteignaient peu à peu la dette était mort pour le créancier.

(1) Voy. *das Magdeburger systematische Schœffenrecht*, III, 2, 76 (édit. Laband).

Pour nous résumer en quelques mots, disons donc que la féodalité n'a pas eu pour effet en Allemagne de faire disparaître l'ancien gage germanique de propriété, mais seulement de lui adjoindre un gage d'usage, la *Satzung* ; que le droit canonique n'eut point pour effet de faire disparaître le gage d'usage où les fruits ne sont point compensés avec la dette, mais seulement de lui adjoindre une sorte de vif gage appelé *Satzung auf Todschlag*, qui resta d'ailleurs toujours peu usuel.

CHAPITRE II

La conquête de l'Angleterre par les Normands, dont les effets furent si radicaux et si profonds, fit disparaître presque complètement le droit anglo-saxon, et le remplaça par le droit des vainqueurs. C'est de ce dernier que découlent toutes les institutions juridiques de l'Angleterre moderne. Le temps et les besoins nouveaux les ont transformées, mais aucun droit étranger n'est venu les interrompre dans leur développement. L'histoire de l'engagement immobilier en Angleterre offre une preuve frappante de ce sage esprit de conservation qui améliore sans détruire.

En 1066, le *vadium*, tel qu'il était alors pratiqué en France, fut importé par les Normands en Angleterre. C'est dire que le *vadium*, sous ses deux formes fondamentales, gage de propriété et gage d'usage, prit racine dans le pays conquis. A cette époque, en effet, les deux formes coexistaient encore chez nous ; l'ancienne n'ayant été vaincue que plus tard d'une façon définitive par la nouvelle.

C'est Glanvilla qui nous montre le gage de propriété et le gage d'usage pratiqués concurremment en Angleterre au XIIe siècle :

Preterea cum ad certum terminum res aliqua ponatur in vadium aut ita convenit inter creditorem et debitorem quod si ad terminum illum vadium suum non acquietaverit debitor ipse, tunc vadium ipsum remanebit ipsi creditori, itaque negotium suum sicut de suo inde faciat aut nihil tale inter eos convenit. In priori casu stabitur conventioni. In secunde existente termino, si fuerit debitor in mora solvendi debitum, poterit creditor se inde conqueri et justitiabitur debitor ut ad curiam veniat (1).

La première forme à laquelle ce texte fait allusion constitue l'ancien gage germanique, avec son droit de jouissance pendant les délais et sa clause commissoire opérant de plein droit au jour même de l'échéance. La seconde, c'est l'engagement nouveau, dans lequel la propriété n'est pas en jeu, et où le créancier n'a d'autre droit à l'échéance que de continuer sa jouissance ou d'actionner son débiteur en payement.

En ce qui concerne ce gage d'usage, Glanvilla nous apprend que les deux variétés qu'il présenta chez nous au début de l'époque féodale étaient aussi connues en Angleterre, à savoir, le gage où les fruits amortissent la dette et celui où, au contraire, rien de semblable ne se rencontre :

Item quandoque invadiatur res aliqua in mortuo vadio quandoque non. Mortuum vadium dicitur illud cujus fructus vel redditus interim percepti in nullo se acquietant (2).

____

(1) Glanvilla, *Tractatus de legibus et consuetudinibus regni Angliæ*, l. X, 6 (édit. Houard).

(2) Glanvilla, X, 6.

Le recueil des lois écossaises, connu sous le nom de *Regiam Majestatem* et qui ne contient en réalité que du droit anglo-normand, s'exprime en termes presque identiques :

Cum autem res immobilis ponitur in vadium...... aut convenit inter creditorem et debitorem quod redditus et exitus interim se acquietant aut sic quod in nullo se acquietant (1).

Ce texte après avoir ainsi noté l'existence du vif gage et du mort gage, condamne ce dernier et le déclare contraire, non pas à la loi, mais à la morale :

Prima conventio justa est et tenet ; secunda injusta et inhonesta est.

Glanvilla nous dit aussi la même chose dans les mêmes termes, mais continue ainsi :

Sed per curiam domini regis non prohibetur fieri et tamen reputat eam pro specie usuriæ (2).

Ce passage est caractéristique et démontre bien le peu d'influence qu'eût en Angleterre le droit canonique relativement à l'institution qui nous occupe. Son action ne sortit guère, sur ce point, du domaine de la morale. Les juristes et la loi conseillaient aux parties de ne point faire de mort gage, parce qu'il y avait dans cette opération quelque chose qui répugnait aux idées du temps. Mais si les parties passaient outre, les tribunaux laïques reconnaissaient la validité de l'opération et la sanctionnaient ; sauf au débiteur à plaider ensuite devant la cour

____

(1) *Regiam Majestatem*, III, cap. V (édit. Houard).
(2) Glanvilla, X, 8.

ecclésiastique, si bon lui semblait, et à attirer ainsi les foudres spirituelles sur la tête de son créancier.

Le trait le plus intéressant et le plus particulier du gage d'usage anglais, c'est qu'il ne conférait point à l'engagiste une saisine, dans le sens français du mot. Les sources anglaises parlent bien de la saisine du créancier ; mais il ne faut voir dans cette expression qu'un équivalent du mot détention. Le débiteur devait, en effet, faire tradition de la chose à son créancier ; mais jamais cette tradition n'arriva à engendrer une possession juridique donnant à l'engagiste le droit d'agir contre les tiers. Les actions possessoires restaient aux mains du débiteur ; si l'engagiste était évincé par un tiers, il ne pouvait rien contre lui ; le débiteur seul pouvait agir. Ce qui est plus particulier encore, c'est que, si le trouble provenait non plus d'un tiers mais du débiteur lui-même, l'engagiste n'avait aucune action pour recouvrer la possession de la chose. Il n'avait qu'un droit, agir immédiatement en remboursement de ce qui lui était dû. C'est ce que nous dit expressément Glanvilla dans le passage suivant :

Creditor si quidem si a seisina sua ceciderit per debitorem vel per alium, nullam inde seisinam per Curiam recuperabit, nec etiam per recognitionem de nova disseisina. Si enim per alium quam per debitorem injuste et sine judicio de vadio suo fuerit disseisitus, debitor ipse poterit habere assisam de nova disseisina. Si vero per debitorem ipsum nullum versus eum per Curiam recuperare habebit de vadio suo recuperando vel de novo ingressu, nisi per ipsum debitorem; oportet enim ipsum creditorem ad principale Placitum redire ut justitietur debitor ut ei de debito suo satis faciat (1).

Donc la détention du gage n'assurait à l'engagiste aucune action possessoire, mais elle avait un effet important, effet qu'elle produisait déjà d'ailleurs dans le droit germanique ; elle rendait son contrat parfait, et lui assurait la préférence à l'encontre des autres engagistes sur le même bien. C'est d'après la date de la remise de la possession, et non d'après la date du contrat que se décidait la question de préférence entre plusieurs engagistes. L'on peut même dire que tant que la chose n'était pas en sa détention, le créancier n'avait aucun droit, car les tribunaux n'étaient point tenus de régler l'ordre de préférence entre plusieurs engagistes dont aucun n'était en possession ; en d'autres termes, le contrat était réel et la tradition était nécessaire pour sa validité :

Quando vero convenit inter debitorem et creditorem de re aliqua invadiata accepta a debitore re mutuata si non sequatur ipsius vadii traditio, quomodo consuletur ipsi creditori in tali casu ? maxime cum possit eadem res pluribus aliis creditoribus tum prius, tum posterius invadiari. Super hoc est notandum quod Curia Domini regis hujusmodi privatas conventiones de rebus dandis vel accipiendis in vadium sive etiam in aliis curiis quand in curia domini regis factis tueri non solet nec warrantizare et ideo

(1) Glanvilla, X, 11.

si non fuerint servatæ, curia domini regis se inde non intromittet ac per hoc de jure diversorum creditorum priorum vel posteriorum aut de privilegio eorum non tenetur responderi (1).

Il est à remarquer combien toute cette théorie de la « *seisina* » du créancier gagiste paraît ancienne ; elle est très vraisemblablement celle du droit germanique lui-même. Le système de l'ensaisinement tel que nous l'avons vu pratiqué chez nous est toujours resté étranger au gage d'usage anglais. Cela tient sans doute à ce que le système féodal anglo-normand fut toujours sans prise sur cette institution. Celle-ci demeura toujours en Angleterre l'œuvre libre des parties et ne requit jamais l'autorisation du seigneur de la terre. La féodalité anglaise laissa un jeu plus libre que la nôtre à l'action du vassal. Seule, l'aliénation du fief exigeait l'autorisation du seigneur suzerain ; les contrats qui n'apportaient à la situation de la terre qu'un changement passager, demeurèrent toujours possibles sans aucune intervention seigneuriale (2).

Le gage d'usage anglais, dont nous venons de noter les particularités les plus intéressantes, fournit une assez longue carrière. On en retrouve encore des traces à la fin du XVe siècle dans Littleton, qui en signale une intéressante et toute spéciale application : Quand on inféodait une terre, moyennant le payement périodique

---

(1) Glanvilla, X, 8.

(2) Voy. sur ce caractère de la féodalité anglaise, Glasson, *Histoire du dr. et des Inst. de l'Angleterre*, t. II, p. 253.

d'une certaine somme, le constituant pouvait se réserver sur la terre qu'il donnait en fief un droit éventuel de gage : S'il n'était pas payé de sa rente au terme convenu il se mettait en possession du fief et en jouissait jusqu'à ce que les fruits perçus par lui eussent acquitté son dû. C'était, on le voit, une hypothèse de vif gage (1).

Après cette époque, il n'est plus guère question du gage d'usage qui disparut peu à peu de la pratique. Mais le gage de propriété eut un sort bien différent ; tandis qu'en France, il disparaît dès le commencement du XIIe siècle, tandis qu'en Allemagne, il subsiste un peu plus longtemps, mais disparaît aussi lors de l'invasion du droit romain, il fournit en Angleterre une longue et importante carrière : c'est lui qui, modifié et perfectionné, est encore là, aujourd'hui, le seul moyen de crédit immobilier.

Ce qui explique sa perpétuation en Angleterre pendant tout le moyen âge, c'est le caractère spécial de la féodalité en ce pays. Dès les temps qui suivirent immédiatement la conquête, l'aliénation et la sous-inféodation des fiefs étaient choses courantes. Ces opérations, à la vérité, devaient être autorisées par le seigneur suzerain ; mais cette autorisation devait être facilement accordée et l'on ne voit pas qu'elle ait jamais apporté une entrave sérieuse à la libre circulation des terres. Aussi, voyons-nous que tous les jurisconsultes anglais, depuis Glanvilla, parlent du gage de propriété. Sur la termino-

____

(1) *Institutes de Littleton*, sect. 327.

logie qu'ils emploient pour le désigner une explication
est nécessaire. Tandis que, comme nous l'avons vu,
Glanvilla ne lui donne aucun nom spécial, le gage de
propriété prend à partir de Littleton le nom de mort
gage ; ce mort gage, il faut bien se garder de le confondre avec celui dont parle Glanvilla ; car, dans ce jurisconsulte, cette expression désigne un gage d'usage. A
partir de Littleton, au contraire, elle s'applique toujours
au gage de propriété. La confusion dans laquelle l'inter-
prète moderne peut tomber par suite de ce double sens
d'un même mot ne fut, en réalité, jamais à craindre
dans la pratique : nous avons vu, en effet, qu'au temps
de Littleton, à l'époque où précisément le gage de propriété reçut le nom de mort gage, le gage d'usage était
déjà presqu'entièrement tombé en désuétude. Comme
maintenant nous n'avons plus à nous occuper que du
gage de propriété, nous pouvons sans crainte de confusion, désigner toujours cette opération, ainsi que les jurisconsultes anglais, par le mot mort gage.

Sur ce mort gage, Littleton s'exprime en ces termes :

*Item, si feoffement soit fait sur tiel condition que si le
feoffor paya al feoffee certaine jour 40 livres d'argent
que adonque le feoffor poit reentrer, en ceo cas le feoffee
est appell tenant en* mortgage, *que est autant à dire en
Français comme* mortgage *et en Latin mortuum vadium
Et il semble que la cause pur que il est appelee mortgage
est pur ceo que il estoit en avveroust si le feoffor voyt payer
al jour limitte tiel summe ou non : et sil ne paya pas don-
que la terre que il mitter en gage sur condition de paye-*

ment de le money est ale de luy à touts jours et issint mort à luy sur condition et s'il paya le money donques est le gage mort quand à le tenant (1).

Le mort gage, on le voit, se présente ici sous la forme d'une tenure, d'une de ces tenures que, déjà avant Littleton, Bracton (2) et Britton (3) appellent « *donatio conditionalis* » ou « *purchaz conditionnels* » et qu'on appela plus tard « *estates upon condition* ». La condition à laquelle l'existence de la tenure est ici subordonnée, c'est le non-payement de la dette. Si la dette est payée, la tenure meurt pour le « *feoffee* », en d'autres termes, pour le créancier, et la terre retourne au « *feoffor* », en d'autres termes, au débiteur qui a constitué l'engagement. Si, au contraire, la dette n'est pas payée à l'échéance, la terre est morte, perdue irrévocablement pour le « *feoffor* ». C'est toujours, on le voit, le vieux gage germanique. Ce qui donne à l'institution une apparence nouvelle, c'est la nature de la possession du créancier, pendant les délais de remboursement : ce n'est plus une simple détention qui existe à son profit ; sa situation, en effet, est identique à celle d'un

---

(1) *Institutes de Littleton*, sect. 332.

(2) Bracton dit en effet déjà : *Item dat exceptionem creditori contra debitorem verum dominum et hæredes ejus, si inter eos convenerit ab initio, quod si pecunia suo die solutum* (sic) *non fuerit, quod terra in vadium data remaneat creditori et suis hæredibus.* — *De leg. et consuet. angliæ lib. quinque,* II, 6, f° 17.

(3) Britton, II, 5, *De purchaz condicionels,* n° 14 : *et si doun soit fet par tele condicioun que si le donour rende taunt a certeins jours et lieu que le don y soit retourne al donour et si noun que la terre remeyne al creaunceour en fee a ly et ses hoirs.*

vassal et c'est à titre de fief que le bien engagé se trouve
entre ses mains. La seule différence entre celui qui tient
en mort gage et le vassal ordinaire, c'est que le droit du
dernier est perpétuel et irrévocable, tandis que le droit
du premier n'a point ce caractère. Ici, en effet, le concédant s'est réservé un droit : celui de reprendre sa terre
en payant une certaine somme. Use-t-il de ce droit, tout
est fini pour l'engagiste. Le remboursement n'a-t-il pas
lieu, au contraire, la terre reste à ce dernier, mais à quel
titre et dans quelles conditions, c'est ce qu'il importe
de bien mettre en lumière. Pendant les délais de remboursement, l'engagiste est vassal de son débiteur ;
après l'échéance restée sans payement, il devient le vassal du suzerain de son débiteur et tout lien est rompu
entre lui et ce dernier. Ce qui revient à dire que, pendant les délais, le fief se trouve sous-inféodé ; qu'après
ces délais, il est aliéné. D'après cela, la définition la plus
exacte qu'on puisse donner du mort gage anglais est,
croyons-nous, la suivante : Il constitue une sous-inféodation sous condition résolutoire ; si la condition se
réalise, la sous-inféodation prend fin ; si la condition
défaille, la sous-inféodation, en vertu de la clause commissoire tacitement contenue dans le contrat, se trans-
forme *ipso jure* en une aliénation pure et simple.

C'est cette institution du mort gage, lentement et sa-
gement perfectionnée, qui est encore aujourd'hui le
moyen de crédit immobilier usité en Angleterre. Sans
vouloir exposer en détail la législation actuelle, qu'on
nous permette, en quelques lignes, de montrer quelles

transformations essentielles le mort gage a subies depuis Littleton jusqu'à nos jours.

En premier lieu, l'inféodation (*feoffementum*) cessa assez vite d'être nécessaire ; le contrat de mort gage, se constitua, dès lors, non plus par une investiture féodale, mais seulement par un acte formel, appelé *deed*.

D'autre part, et presque dans les mêmes temps, c'est-à-dire au cours du XVI⁰ siècle, la transmission matérielle de la chose au créancier cessa presque toujours de se produire en pratique ; bien qu'en principe, le créancier gardât toujours la faculté de l'exiger.

« De bonne heure, nous dit M. Glasson (1), le créancier en mort gage cessa, dans certains cas, de prendre possession du bien en garantie ; il n'usait de ce droit qu'autant que la solvabilité du débiteur était douteuse ou que celui-ci ne payait même pas les intérêts de sa dette. Sauf ces cas, il laissait le bien entre les mains du débiteur, et sa garantie, au lieu de former un gage dans le sens rigoureux du mot, constituait bien plutôt une hypothèque. »

C'est cette dernière modification qui a donné au mort gage actuel son aspect définitif.

Aujourd'hui, l'opération se présente comme une sorte de vente à réméré, donnant, en principe, droit au créancier d'entrer en possession du bien. Mais, en fait, une clause du contrat lui retire presque toujours cette faculté. Si, par extraordinaire, le créancier est entré en

______

(1) Glasson, *Hist. du dr. et des inst. de l'Angleterre*, t. IV, p. 220.

possession, il doit compte des fruits, déduction faite des intérêts.

Enfin, et dès le commencement du siècle dernier, la pratique travailla à apporter un adoucissement à la déchéance de propriété du débiteur.

« Les tribunaux, nous dit Blackstone (1), prennent
» encore les intérêts de l'emprunteur dans le cas de non-
» payement à l'échéance ; on examine, on compare la
» somme empruntée avec la valeur réelle de la terre, et
» si cette dernière excède de beaucoup la première, on
» accorde à l'emprunteur un temps raisonnable pour la
» racheter, en payant la somme qu'on lui a prêtée,
» avec les intérêts et les dépens. Sans quoi, selon la let-
» tre de la loi, un bien de mille livres engagé pour 100,
» pourrait être perdu par le défaut du paiement de cette
» somme. Cet avantage accordé à l'emprunteur est ap-
» pelé rachat d'équité ».

Mais, dans le courant de ce siècle une réaction s'est produite contre la trop grande latitude laissée aux tribunaux et voici, finalement à quoi s'est arrêtée la pratique : le créancier, les délais de payement expirés, doit déposer à la Cour un acte de forclusion (*bill of foreclosure*), dont l'effet est de forcer le débiteur à faire son remboursement dans les six mois, à défaut de quoi, le créancier devient, après l'expiration de ce terme, propriétaire incommutable.

De plus, depuis une loi du 22 août 1881, le créancier,

(1) Blackstone, traduit de l'anglais par M. D. G..., (Bruxelles, 1774) tome II, p. 442.

au lieu de se payer en nature sur l'immeuble engagé, peut, s'il le préfère, le vendre et se payer sur le prix. Cette faculté de vendre l'immeuble à l'échéance est subordonnée à une sommation au débiteur d'acquitter sa dette. Trois mois après cette sommation restée infructueuse, le créancier peut vendre le bien.

Par suite de ces transformations, le mort gage anglais est arrivé, en fait, à ressembler beaucoup à notre hypothèque, bien que sa construction juridique en reste toujours profondément différente.

CONCLUSION.

Résumons en quelques mots le chemin que nous avons
parcouru jusqu'ici. Le gage immobilier, tel que les Germains l'ont connu, après l'individualisation de la propriété foncière, a eu des descendants tant en France
qu'en Allemagne et en Angleterre. C'est en France que
l'antique institution a été le plus profondément modifiée
par la féodalité et le droit canonique, puisque chez nous
le gage de propriété disparut complètement devant le
gage d'usage et que, du gage d'usage, ne subsista, en
thèse générale, que celui où les fruits éteignaient la dette. En Allemagne, la double influence que nous venons
de signaler resta beaucoup moins radicale, les formes
anciennes n'ayant point disparu devant les nouvelles
mais ayant subsisté concurremment avec elles. Dans
ces deux pays, l'institution qui a fait l'objet de notre
étude disparût obscurément par suite de l'invasion du
droit romain et fit place à un moyen de crédit immobilier tout nouveau, l'hypothèque. En Angleterre, au contraire, le gage de propriété, profondément modifié sans
doute, mais toujours reconnaissable, rend aujourd'hui
les mêmes services que l'hypothèque en France et en Allemagne.

Qu'il nous soit permis de tirer une conclusion de ces
faits et de dire qu'en somme, la réception d'un droit

étranger qui brise et détruit, pour reconstruire à neuf,
est plutôt un mal qu'un bien ou, tout au moins, n'est
jamais chose utile.

De même qu'une plante placée dans un lieu obscur
arrive à trouver la lumière, de même une institution juridique, quand une force étrangère ne vient pas la détruire, parvient toujours aussi à atteindre le but auquel
elle tend.

Chaque institution juridique est, en effet, comme un
corps vivant, comme un être organisé. Elle sait se plier
aux nécessités du milieu dans lequel elle se trouve placée et se transformer, en même temps que ces nécessités changent.

POSITIONS

Positions prises dans la thèse.

DROIT ROMAIN.

I. — L'usage de la *subsignatio prædiorum* ne s'est pas introduite à Rome avant le second tiers du VIIe siècle.

II. — Les tempéraments apportés à l'exécution de certains débiteurs en vertu d'obligations publiques restèrent inapplicables à celle des *prædes*.

III. — La *subsignatio prædiorum* était une institution d'une nature propre, n'ayant point son équivalent en droit civil. Elle consistait, très vraisemblablement, à frapper les *prædia subsignata* d'inaliénabilité aux mains du *præs*.

IV. — La vente du *præs* demeura jusqu'à la fin une vente en bloc du patrimoine, très analogue dans sa nature et ses effets à la *bonorum venditio*.

HISTOIRE DU DROIT FRANÇAIS.

I. — Le gage mobilier germanique et même le gage immobilier de l'époque franque se présentaient sous la forme d'un pari et produisaient les effets d'une clause pénale.

II. — L'engagement immobilier du moyen-âge constituait un contrat synallagmatique et non un contrat accessoire unilatéral se greffant sur un contrat principal.

III. — L'engagement immobilier français, en dehors des cas exceptionnels de mort gage permis ne donnait ouverture à l'exercice d'aucun retrait.

Positions prises hors de la thèse.

DROIT ROMAIN.

I. — Dans la mancipation, le *simplum* sur lequel se calculait le montant de *l'actio auctoritatis* était non le prix réellement payé, mais celui annoncé dans les déclarations verbales jointes par les parties à la mancipation.

II. — La stipulation n'a point pour origine la *nunc upatio* de la mancipation, mais très probablement le serment.

III. — Les pactes n'engendraient point à Rome d'obligation naturelle.

IV. — Les exceptions qui ne paralysaient l'action que pour partie n'en avaient pas moins pour effet, au temps de la procédure formulaire, d'entraîner la complète absolution du défendeur, quand elles étaient reconnues fondées par le juge.

DROIT CIVIL.

I. — L'hypothèque légale de la femme renonçante frappe les conquets de communauté, même ceux aliénés ou hypothéqués durant le mariage.

II. — L'acheteur qui, faute par le vendeur d'opérer la livraison, demande qu'il soit condamné à exécuter le marché, peut ensuite, en appel pour la première fois, demander la résolution du marché.

III. — La fausse indication du lieu, dans un testament olographe, ne suffit pas à vicier la date.

IV. — Une citation en conciliation, dans les cas où la loi dispense du préliminaire de conciliation, n'est point interruptive de prescription, même quand elle est suivie d'une assignation dans les délais de droit.

DROIT COMMERCIAL.

I. — Le vendeur qui use du droit de revendication inscrit dans les articles 576 et 577, Code de commerce, ne peut pas, de plus, réclamer de dommages-intérêts à la masse de la faillite.

PROCÉDURE CIVILE.

I. — Une saisie mobilière, nulle pour défaut de qualité dans la personne du saisissant, peut néanmoins servir de base à un procès-verbal de recolement de la part d'un tiers.

DROIT PÉNAL.

I. — L'excuse de provocation inscrite dans l'article 321 du Code pénal n'est admise qu'à l'égard des crimes et délits commis contre les particuliers et non à l'égard de ceux commis contre les agents de la force publique dans l'exercice de leurs fonctions.

II. — L'article 66 du Code pénal peut être invoqué par un mineur de seize ans, aussi bien en matière de simple police qu'en matière criminelle ou correctionnelle.

Vu :
Le Président de la thèse,
Paris, 1er août 1893.
A. ESMEIN.

Vu :
Par le Doyen,
COLMET DE SANTERRE.

Vu et permis d'imprimer :
Le Vice-Recteur de l'Académie de Paris,
Pour le Vice-Recteur.
L'Inspecteur de l'Académie.
E. COUTURIER.

TABLE DES MATIÈRES

DROIT ROMAIN

DE LA CAUTION PRÆDIBUS PRÆDIISQUE.

DROIT FRANÇAIS

DU GAGE IMMOBILIER DANS LE TRÈS ANCIEN DROIT FRANÇAIS.

Imp. G. Saint-Aubin et Thevenot, Saint-Dizier (Haute-Marne) 30, passage Verdeau, Paris.

www.ingramcontent.com/pod-product-compliance
Ingram Content Group UK Ltd.
Pitfield, Milton Keynes, MK11 3LW, UK
UKHW021019140726
13695UKWH00001B/364

9 782014 055153